Teatro em Foco

Coleção Estudos
Dirigida por J. Guinsburg

Equipe de realização – Edição de texto: Iracema A. de Oliveira; Revisão: Raquel F. Abranches; Sobrecapa: Sergio Kon; Produção: Ricardo W. Neves, Sergio Kon e Raquel Fernandes Abranches.

Sábato Magaldi

TEATRO EM FOCO

PERSPECTIVA

Dados Internacionais de Catalogação na Publicação (CIP)
(Câmara Brasileira do Livro, SP, Brasil)

Magaldi, Sábato
   Teatro em foco / Sábato Magaldi. – São Paulo: Perspectiva, 2008. – (Estudos ; 252 / dirigida por J. Guinsburg)

ISBN 978-85-273-0826-7

1. Crítica teatral 2. Teatro – Brasil – História
I. Guinsburg, J. II. Título. III. Série.

08-04926   CDD-792.0981

Índices para catálogo sistemático:

1. Brasil: Teatro: História e crítica   792.0981

Direitos reservados à

EDITORA PERSPECTIVA S.A.

Av. Brigadeiro Luís Antônio, 3025
01401-000 São Paulo SP Brasil
Telefax: (011) 3885-8388
www.editoraperspectiva.com.br

2008

Para Angela, Marcos, Ricardo, Anna e Lea.

Sumário

Prefácio XI
1. Apresentação da Dramaturgia Brasileira 1
2. José de Alencar 8
3. Permanência de Artur Azevedo 10
4. Periodização do Teatro Brasileiro Moderno 14
5. Problemas dos Dramaturgos 23
6. Millôr no Palco 29
7. *Salve Amizade*, de Flávio Marinho 32
8. Um Dramaturgo não Rotineiro (Bosco Brasil) 34
9. Plínio Marcos Dramatiza a Marginalidade 36
10. Bepi Pastore entre Nós 41
11. O Teatro Japonês mais Próximo de Nós 43
12. *Senhorita Júlia*, de Strindberg 45
13. Anatol Ensaísta 47
14. O Crítico Bernard Dort 50
15. Drama e Liberdade 54
16. Homenagem a Paschoal Carlos Magno na ABL 59
17. Lembrança de Sérgio Cardoso 61
18. O Julgamento de Hamlet 63
19. Nydia Licia 67
20. Recordação de Cacilda Becker 71
21. Eva e Eliane 88
22. Teatro em São Paulo de 1943 a 1968 91
23. Teatro, São Paulo, 1984 116

24. Descartes e Pascal 118
25. Especificidade do Teatro 121
26. A Exploração do Espaço Cênico no Teatro
    Brasileiro Moderno 125
27. *Péricles:* Uma Encenação Lúdica 135
28. Teatro da Vertigem 138
29. Jacó Guinsburg: Professor Emérito..................................... 140
30. Aos Formandos da ECA 143
31. Sobre a Crítica... 147

Prefácio

Abro este novo livro tomado de profunda melancolia. Até mesmo durante a terrível ditadura, existiam um Serviço Nacional de Teatro e, em São Paulo, uma Comissão Estadual de Teatro que, não obstante a estúpida Censura, patrocinavam a atividade cênica, proporcionando-lhe subsídios que resultavam em bons espetáculos.

Veio, depois, o neoliberalismo, preocupado, sobretudo, em enriquecer mais os milionários, dando as costas à cultura. Procedimento que, estranhamente, prossegue no suposto regime popular dos nossos dias.

Aqueles que aplaudem essa aberração torcem os exemplos estrangeiros. Evidentemente, esquecem a experiência européia, em que a França, a Alemanha e a Itália, entre outros países, fazem do teatro uma realidade da sua grandeza. E se escudam no que se passaria nos Estados Unidos, onde o governo não participa diretamente do apoio ao palco.

Ali, entretanto, existem fundações que desempenham o papel não atribuído ao governo, o que não existe no Brasil. E não se pode esquecer que, durante a crise de 1929, as autoridades norte-americanas julgaram fundamental a continuidade dos espetáculos.

Se não houver mudança radical na postura de hoje, o teatro correrá o risco de ser lembrado como um estranho passatempo da nossa velhice. E adquirirá o sabor nostálgico de uma riqueza que se perdeu.

1. Apresentação da Dramaturgia Brasileira[1]

O teatro brasileiro, prolongamento do europeu, foi implantado pelo empenho catequético dos jesuítas em converter os indígenas ao catolicismo e em censurar os maus hábitos dos portugueses distantes da metrópole, fortalecendo a fé religiosa. Herdeiro do palco medieval, sobretudo da obra de Gil Vicente (1470-1537), o padre José de Anchieta (1534-1597) escreveu e apresentou ao menos oito autos vinculados a circunstâncias específicas, isto é, à chegada de um sacerdote à colônia ou de uma relíquia das Onze Mil Virgens, bem como à festa de um santo padroeiro (*Na Festa de São Lourenço*, protetor de Niterói). Essa maneira de "nacionalização" completou-se com o uso do plurilingüismo (o português, o castelhano, adotado na corte, e o tupi), já que os espectadores eram de diversas origens. E, em eficiente contaminação com o gosto do gentio, o espetáculo terminava muitas vezes pela dança.

Introduzida tardiamente, quando já florescia na Inglaterra, por exemplo, o admirável teatro elisabetano, a dramaturgia ingênua e tosca de Anchieta não teve continuidade. Pouco se sabe do que ocorreu nos séculos XVII e XVIII, provavelmente pelas peculiaridades da colonização. Assume, por isso, importância reveladora a descrição das festividades celebradas no ano de 1790, em Cuiabá: de 8 de agosto a 11 de setembro, encenaram-se catorze textos diferentes, entre os quais a tragédia *D. Ignez de Castro*, a comédia *Tamerlão*, a ópera *Ésio em*

---

1. Este texto foi feito para as Presses Universitaires de France.

Roma, o entremez dos *Sganarellos* e a tragédia *Zaíra*, citando-se apenas a autoria de Voltaire. A única peça brasileira preservada da época é o drama *O Parnaso Obsequioso*, do árcade e futuro inconfidente Cláudio Manuel da Costa (1729-1789), encenada em Vila Rica, atual Ouro Preto, em 1763, comemorando o aniversário do governador da capitania. A rudeza do verso, de nenhuma eficácia cênica, não deve ser característica de uma plêiade de ótimos poetas, que traduziram Metastásio e Maffei. E a sala de espetáculos da cidade é considerada a mais antiga da América do Sul.

"Casas da Ópera", de qualquer forma, construídas no Rio, em Vila Rica, Diamantina, Recife, São Paulo, Porto Alegre e Salvador, atestam a existência de um teatro regular, no século XVIII. O padre Ventura é tido como o mais antigo entre os brasileiros que se dedicaram ao teatro, no Rio, sendo seu elenco de mulatos. A Casa da Ópera, que ele manteve, foi destruída por incêndio em 1769, possivelmente quando se apresentava *Os Encantos de Medéia*, de António José, o Judeu.

Se a transferência da corte portuguesa para o Rio, em 1808, trouxe certo progresso para o teatro, a proclamação da Independência, em 1822, ligada, logo depois, ao surto do romantismo, deu grande alento à atividade cênica. O ator João Caetano dos Santos (1808-1863) formou, em 1833, uma companhia brasileira, com o propósito de "acabar assim com a dependência de atores estrangeiros para o nosso teatro". Embora a sensibilidade o aproximasse dos dramalhões franceses e ele fosse um excepcional Otelo, na versão edulcorada de Ducis, seu nome ficou vinculado a dois acontecimentos fundamentais da nossa história dramatúrgica: a estréia, em 13 de março de 1838, de *Antônio José ou o Poeta e a Inquisição*, de Gonçalves de Magalhães (1811-1882), e, em 4 de outubro daquele ano, da comédia *O Juiz de Paz da Roça*, de Martins Pena (1815-1848). *Antônio José*, segundo proclamou o autor, se distinguiria como "a primeira tragédia escrita por um Brasileiro, e única de assunto nacional", enquanto *O Juiz de Paz*, lançada anonimamente, abriu o rico filão da comédia de costumes, sem dúvida nosso gênero mais genuíno.

A trama de *Antônio José*, tratando do dramaturgo morto em auto-da-fé pela Inquisição, se perde em peripécias mirabolantes, com um frade vilão que acusa o protagonista, na esperança de conquistar sua amada, a atriz Mariana. Já a comédia despretensiosa de Pena, sem fixar grandes caracteres, mas apenas tipos, satiriza o estrangeiro explorador e o homem da corte esperto e inescrupuloso, bem como os representantes dos três poderes – os funcionários corruptos do Executivo, os deputados e seus discursos vazios, e os magistrados que julgam atendendo ao interesse pessoal. O romantismo está no *happy end* do amor dos jovens, após transpor inevitáveis obstáculos. E o autor, cognominado o "Molière brasileiro", nas suas vinte comédias, não poupa também as inclinações serôdias. Os seis dramas que Pena deixou se perdem em intrigas inverossímeis.

Joaquim Manoel de Macedo (1820-1882), continuador da comédia de costumes em obras como *A Torre em Concurso*, na qual se critica o complexo de inferioridade nacional, que só reconhece valor ao estrangeiro, teve o mérito histórico de abrir com a "ópera" *O Primo da Califórnia*, transposta de *L'Oncle d'Amérique*, de Scribe, em 1855, o Ginásio Dramático, criado no Rio de Janeiro segundo o modelo do *Gymnase* parisiense. O dramalhão histórico cedeu a primazia às personagens modernas, em "dramas de casaca" – vestuário elegante da moda. O desempenho natural tomou o lugar dos excessos anteriores. *A Moreninha*, que o próprio autor adaptou para o palco, mais de trinta anos após a publicação do romance, conservou, na nova linguagem, o encanto romântico do amor absoluto de dois jovens.

Dramaturgo mais exigente foi o romancista José de Alencar (1829-1877), que, entretanto, circunscreveu sua carreira teatral dos 28 aos 32 anos de idade, "convencido que a platéia fluminense estava em anacronismo de um século com as idéias do escritor". *O Demônio Familiar*, inspirado em *O Barbeiro de Sevilha*, de Beaumarchais, é sua comédia mais representada, curiosa na idéia de afirmar que só a liberdade torna o homem responsável, condenando, a partir daí, o cativeiro. Depois de pagar tributo à fragilidade bem-pensante do realismo em *As Asas de um Anjo* e *A Expiação*, derivadas de *A Dama das Camélias*, em *O Jesuíta* Alencar exprimiu seu ideal de brasilidade, propondo o país como refúgio dos perseguidos do mundo inteiro.

Julga-se *Leonor de Mendonça*, do poeta Gonçalves Dias (1823-1864), sem exceção, o melhor drama nacional do século xix. O sacrifício da protagonista pelo marido, D. Jayme, lembra, à primeira vista, *Otelo*, mas o autor dá à história o caráter exemplar da "eterna sujeição das mulheres, o eterno domínio dos homens [...]. Aqui está a fatalidade, que é filha dos nossos hábitos. Se a mulher não fosse escrava, como é de fato, D. Jayme não mataria sua mulher". O lúcido prólogo se constitui, como a peça, antecipador manifesto feminista.

Outros poetas românticos dedicaram-se ao teatro, a exemplo de Casimiro de Abreu (1839-1860), com *Camões e o Jau*, bem acolhida em Lisboa, em 1856, quando o autor contava apenas dezessete anos; Álvares de Azevedo (1831-1852), que fez uma "tentativa dramática", *Macário*, cheia de intuições geniais; e sobretudo Castro Alves (1847-1871), que em *Gonzaga ou a Revolução de Minas* introduz o problema da escravatura e valoriza o ideal revolucionário de instaurar o regime republicano, na senda da Independência.

Machado de Assis (1839-1908), nosso maior ficcionista, foi também excelente crítico teatral, mas suas peças, que evocam os "provérbios" de Musset, se prestam mais à leitura que à representação, de acordo com o juízo acertado do seu amigo Quintino Bocaiúva.

De qualquer modo, adquire postura elegante, em cena, o feitio didático de *Lição de Botânica*, segundo o qual a Botânica aplicada conduz o homem ao amor, e o ceticismo de *Quase Ministro*, sátira da bajulação nacional aos políticos.

A comédia de costumes ganha a melhor expressão realista na obra de França Jr. (1838-1890), de quem se conservam duas dúzias de peças. A sátira política atingiu superior eficácia em *Como se Fazia um Deputado* e *Caiu o Ministério*, impiedosos retratos da máquina governamental. Já *As Doutoras*, na linha de *Les Femmes savantes*, de Molière, caçoa do pedantismo vocabular de uma advogada e dos pruridos científicos de uma médica, para quem "o coração é um músculo oco". A volta ao "bom senso" feminino, graças sobretudo à maternidade, vence os exageros, numa indisfarçável visão conservadora. A graça, ligada à técnica apurada, assegura a permanência dos textos.

Apenas na década de 1960 se descobriu o teatro de Qorpo-Santo, pseudônimo de José Joaquim de Campos Leão (1829-1889), proclamado verdadeiro precursor do teatro do absurdo. De fato, nas suas fantasias que recusavam o discurso retórico e lógico, predominante no seu tempo, pode-se vislumbrar um surrealista *avant la lettre*, cujas peças *As Relações Naturais*, *Mateus e Mateusa* e *Hoje Sou Um e Amanhã Outro*, por exemplo, reclamam ainda montagens capazes de revelar-lhes a plena dimensão.

A grande trajetória da comédia de costumes se encerra com Artur Azevedo (1855-1908), a maior figura do teatro brasileiro, nas múltiplas facetas de dramaturgo, tradutor, adaptador, crítico e animador do movimento cênico, principal responsável pela construção do Teatro Municipal do Rio, inaugurado um ano após a sua morte. Sensível bastante para dar perfeito tratamento cênico às expectativas do público, fez de duas burletas (comédias-operetas) – *A Capital Federal* e *O Mambembe* – obras-primas semelhantes às de outros gêneros, e êxitos permanentemente renovados do palco brasileiro.

A morte de Artur Azevedo deixou um vazio não preenchido de imediato. Ainda assim, aliando a pintura de costumes ao gosto simbolista em voga, vários textos e autores continuaram a impor-se. As obras mais expressivas dessa fase são *Quebranto*, de Coelho Neto (1864-1934), em que um velho seringueiro recusa a jovem que desejava iludi-lo; *Eva*, de João do Rio (1881-1921), cuja protagonista põe à prova a legitimidade dos sentimentos de um pretendente, num meio refinado, evocando Oscar Wilde; *O Canto Sem Palavras*, de Roberto Gomes (que se matou aos quarenta anos, em 1922), sobre a paixão de um velho pela afilhada jovem, figura rediviva da mãe que ele amara; *A Comédia do Coração* e *As Noivas*, de Paulo Gonçalves (1897-1927), a primeira o conflito dos sentimentos, no interior de um coração, e a segunda a espera inútil de três moças do interior pelos noivos que foram tentar a vida em São Paulo, e não vieram buscá-las, numa nostálgica atmosfera tchecoviana; e *Flores de Sombra*, de Cláudio de Souza (1876-1954), contrastando a seriedade das inclinações na província com o comportamento leviano nos aglomerados urbanos.

A Semana de Arte Moderna, realizada em São Paulo, em 1922 – marco de renovação artística no país –, não incluiu o teatro, nem o influenciou, de imediato. Somente na década de trinta foram publicadas três peças de Oswald de Andrade (1890-1954), um de seus mais combativos promotores, concebidas no novo espírito: *O Rei da Vela*, virulenta sátira da aliança do arrivismo em ascensão com a aristocracia decadente, cujos protagonistas parodiam Aberlardo e Heloísa, na esteira de *Ubu Rei*, de Jarry, em relação a *Macbeth*; *O Homem e o Cavalo*, julgamento da civilização cristã em face de suposto paraíso social, retomada de *O Mistério Bufo*, de Maiakóvski; e *A Morta*, ato lírico de bela inspiração poética. Muito à frente de seu tempo, a dramaturgia de Oswald só foi repercutir em 1967, numa criativa montagem de *O Rei da Vela* pelo Teatro Oficina de São Paulo, sob a direção de José Celso Martinez Corrêa.

Os pressupostos estéticos da Semana materializaram-se no palco, em 1943, com a estréia de *Vestido de Noiva*, de Nelson Rodrigues (1912-1980), no Municipal do Rio, pelo grupo amador Os Comediantes, dirigido pelo polonês Ziembinski (1908- 1976). A ação fragmenta-se nos planos da realidade, em que uma acidentada se submete a intervenção cirúrgica e morre; da memória, onde ela procura reconstituir sua personalidade estilhaçada pelo choque; e no da alucinação, território privilegiado de suas fantasias bovaristas. O dramaturgo explorou, a seguir, o inconsciente coletivo, em obras como *Álbum de Família* e *Doroteia*, e fez depois a síntese dos elementos míticos, psicológicos e sociais, numa série de "tragédias cariocas", entre as quais se distinguem *A Falecida*, *Boca de Ouro* e *Toda Nudez Será Castigada*. Pelo impacto de sua contribuição e pela influência exercida, Nelson Rodrigues é considerado o pai do teatro brasileiro moderno.

A incorporação das fontes rurais, constituindo-se, a princípio, na dramaturgia do café, ocorreu no ano de 1955 em *A Moratória,* de Jorge Andrade (1922-1984), que aproveita a flexibilidade de planos de *Vestido de Noiva*. No ciclo *Marta, a Árvore e o Relógio*, formado por dez peças, o autor acabou por traçar um verdadeiro painel da História do país, passando do fenômeno do misticismo (*Vereda da Salvação*) para os antecedentes do abandono dos veios auríferos esgotados rumo ao Planalto (*Pedreira das Almas*), o anseio de liberdade na Minas de intolerância religiosa no século XVIII (*As Confrarias*), e finalmente o debate sobre o sentimento nacional durante a Colônia (*O Sumidouro*), depois de fazer inteligente sondagem autobiográfica (*Rasto Atrás*).

Ariano Suassuna abre novo caminho, em 1957, no *Auto da Compadecida*, fundindo o milagre de inspiração medieval e o cômico populário nordestino. *O Santo e a Porca* inocula a idéia de pecado católico no problema da avareza tratado pela *Aulularia*, de Plauto, e *O Avarento*, de Molière. *O Arco Desolado* inspira-se na mesma lenda que gerou *A Vida É Sonho*, de Calderón de la Barca. E, entre outras obras, assinala-se, por fim, *A Pena e a Lei*, "presépio de hilaridade teatral", de profundo sentido religioso, cujo intuito apologético mostra que "só então, com a morte, é que nos transformamos em nós mesmos".

A greve, a luta de classes nos centros urbanos, é o tema de *Eles Não Usam Black-tie*, de Gianfrancesco Guarnieri, estreada em 1958. *A Semente* faz uma autocrítica da militância de esquerda, perdida no fanatismo. Depois do golpe militar de 1964 o autor realiza, de parceria com Augusto Boal, *Arena Conta Zumbi* e *Arena Conta Tiradentes*, celebração de dois heróis que lutaram pela liberdade, e escreve sozinho *Castro Alves Pede Passagem*, cujo protagonista é o poeta cantor dos escravos. Endurecida a Censura nos anos de 1970, Guarnieri fez o que chamou "teatro de ocasião", obtendo grande êxito com *Ponto de Partida*, alegoria que reproduz, numa vaga Idade Média, o assassínio do jornalista Wladimir Herzog pelas forças da repressão, enquanto o atestado de óbito oficial registra suicídio.

As décadas de 20 e 30, do século XX, caracterizaram-se pela hegemonia do ator no fenômeno cênico. As de 40 e 50, não obstante a estréia de Nelson Rodrigues e de outros nomes, foram marcadas pela hegemonia do encenador – artistas originários de uma Europa combalida pela Segunda Grande Guerra, sobretudo italianos. *Eles Não Usam Black-tie* e a imediata criação do Seminário de Dramaturgia do Teatro de Arena de São Paulo, dirigido por Augusto Boal, deram início à fase da hegemonia do autor brasileiro. O texto nacional deixou de atemorizar os empresários e estabeleceu, na maioria dos casos, comunicação espontânea com o público.

Augusto Boal, o nome brasileiro mais conhecido internacionalmente, havia produzido, em 1960, antes da parceria com Gianfrancesco Guarnieri, *Revolução na América do Sul*, de comicidade irresistível, no seu anarquismo de inspiração aristofanesca, deleitando-se em destruir tudo. Não obstante o mérito de outros textos, entre os quais *Murro em Ponta de Faca*, sobre as agruras do exílio político, Boal tem-se projetado mais como teórico e prático do Teatro do Oprimido. Já em São Paulo ele havia formulado o Sistema Curinga e as premissas do Teatro-Jornal, desenvolvendo, como exilado, as técnicas do Teatro Invisível e do Teatro-Foro, armas contra a opressão, em qualquer campo da atividade humana.

Oduvaldo Vianna Filho (1936-1974) foi o terceiro nome de dramaturgo projetado pelo Arena. Sensibilidade delicada, afeito aos anti-heróis, *Chapetuba Futebol Clube* marcou sua estréia, em 1959, mostrando o lado amargo do esporte. *Papa Highirte* e *Rasga Coração*, suas últimas obras, exemplificam o melhor talento do dramaturgo. O típico ditador latino-americano Papa Highirte nem por isso deixa de ser humano e morre em atentado, no exílio – vingança contra os arbítrios que ele praticou. E *Rasga Coração*, talvez a mais sólida peça brasileira dos anos 70, passa em revista quarenta anos da História do país (1934-1974), sob a óptica de um militante anônimo de esquerda, vítima permanente das maquinações vitoriosas da direita.

Dias Gomes passou a ser valorizado a partir de 1960, quando lançou *O Pagador de Promessas* (transformada em filme, a peça venceu o Festival de Cannes). Condena ele a intolerância eclesiástica, em face do sincretismo religioso, típico da Bahia, cenário dos episódios. Entre outras obras de sua autoria, merece especial relevo, ainda, *Campeões do Mundo*, que analisa objetivamente o período ditatorial, após a abertura política.

Plínio Marcos alcançou grande notoriedade ao trazer para o palco a figura do marginal, na sua linguagem contundente. A autenticidade de *Dois Perdidos Numa Noite Suja* e *Navalha na Carne*, estreadas em 1966 e 1967, deu novo vigor à dramaturgia nacional, influenciando todo um grupo surgido depois dele. *Abajur Lilás*, metáfora sobre o comportamento do brasileiro, perante o poder ditatorial, *Balada de um Palhaço*, meditação sobre a atividade artística, em bela metalinguagem, e *A Mancha Roxa*, tendo como ponto de partida a descoberta da Aids num presídio feminino, são outros textos significativos do autor.

Hoje em dia, as peças nacionais dominam os cartazes e há cerca de meia centena de autores a mencionar. Alguns já escreveram obras definitivas e outros se acham em processo de afirmação. A escolha dos nomes citados se prende menos ao reconhecimento do mérito indiscutível de suas obras que à circunstância de que elas contribuíram com um aspecto diferente para a consolidação da dramaturgia brasileira.

2. José de Alencar

O fenômeno José de Alencar é dos mais intrigantes, na história do teatro brasileiro. Aos 28 anos de idade, em 1857, ele se lançou no famoso Ginásio Dramático da então capital brasileira, com *Rio de Janeiro (Verso e Reverso)*, uma "revista ligeira" deliciosa. Completados 32 anos, depois de haver escrito oito peças (três foram encenadas em poucos meses), Alencar abandonou o palco, utilizando como pretexto o malogro de *O Jesuíta*, que o convenceu de que "a platéia fluminense estava em anacronismo de um século com as idéias do escritor".

Passagem meteórica e brilhante pelo teatro, avançando a nossa dramaturgia em diversos aspectos fundamentais. Da comédia inicial de costumes, enriquecida por uma reflexão a respeito de problemas sociais, como a do cativeiro, Alencar passou para a análise da burguesia carioca, investigando as questões do dinheiro e do casamento, e se despediu com a primeira peça épica da nossa literatura dramática. Um leque muito amplo de realizações, num tempo mínimo de interesse pelo palco.

Verso e Reverso mostra a força modificadora do amor. O jovem paulista, crítico acerbo dos defeitos cariocas, encanta-se de súbito pelo Rio, ao descobrir o amor pela prima. Tudo o que parecia condenável surge sob nova ótica, num cântico de louvor à cidade, que só tem paralelo em *A Capital Federal*, de Artur Azevedo.

O moleque Pedro, *O Demônio Familiar*, menciona que tem manha maior que a de Fígaro, personagem de *O Barbeiro de Sevilha*, de Beaumarchais. Embora Alencar, como político, defendesse uma posição conservadora, em face da escravatura, como ficcionista demonstrou uma sensibilidade diferente, abrindo-se a conceitos espantosamente modernos.

Se alguém duvidar do cunho abolicionista de *O Demônio Familiar*, basta ter em mente outra obra alencariana – *Mãe*. Aí, a escrava Joana chega ao suicídio, para não prejudicar o filho. E o preconceito racial é duramente verberado, pelos males que provoca. Alencar associou a uma negra a idéia de glorificação materna, símbolo de sacrifício em benefício do fruto.

Dumas Filho forneceu as coordenadas do teatro de idéias, do teatro-escola, que Alencar praticou em *O Crédito*, *As Asas de um Anjo*, *A Expiação* e *O que é o Casamento?*, rebatizada como *Flor Agreste*. Da defesa da nova ordem econômica burguesa ao objetivo moral e civilizador, valorizando a família como núcleo da sociedade, Alencar oferece um painel da vida carioca, sem esquecer a presença da "decaída". Tinha Alencar plena consciência de seus propósitos, ao afirmar que "Victor Hugo poetizou a perdição na sua *Marion Delorme*; A. Dumas Filho enobreceu-a n'*A Dama das Camélias*; eu moralizei-a n'*As Asas de um Anjo*; o amor, que é a poesia de Marion e a regeneração de Margarida, é o martírio de Carolina" (sua protagonista). O que não impediu a Censura de interditar o espetáculo, depois de algumas representações.

Os valores do teatro de Alencar estão ligados à firmeza do diálogo e à finura da psicologia. Poucos autores revelaram tanta agudeza nas observações. Ouve-se da heroína de *O que é o Casamento?*: "O casamento mata esse primeiro amor que dura alguns meses, o primeiro ano quando muito. Desaparece a ilusão: o marido não é mais o herói de um bonito romance, torna-se um homem como qualquer outro, e às vezes mais ridículo, porque o vemos de perto. Então sente-se n'alma um vácuo imenso que é preciso encher".

Alencar produziu ainda a comédia lírica *A Noite de São João* – ópera nacional de assunto e música brasileira (Elias Álvares Lobo musicou seu libreto). E, em *O Jesuíta*, tentou apreender o que se poderia chamar o gênio da nacionalidade. Passada em 1759, nos tempos de colônia, a peça apresenta a alegoria de um país liberto da metrópole e povoado pelos perseguidos do mundo inteiro – do índio aos boêmios e aos judeus.

Se, ao se iniciar no teatro, Alencar já havia obtido um grande êxito com *O Guarani*, pode-se dizer que a concentração da experiência dramática, além de seus méritos próprios, ajudou a configurar a admirável arquitetura da obra romanesca da maturidade.

3. Permanência de Artur Azevedo

Qual seria o segredo da permanência de Artur Azevedo? Não pequemos por avareza: é mesmo a genialidade. Não há, na literatura brasileira, quem tenha o seu dom espontâneo do teatro. A mais comezinha situação ele transformava em diálogo, palpitante de vida. Tudo lhe parecia extremamente fácil – talvez seu pecado tenha sido a facilidade, embora não lhe faltasse a consciência dela. Num meio primário, dominado pelos gêneros ligeiros, Arthur conhecia os limites que lhe eram impostos, para assegurar a sobrevivência de uma arte moribunda. Por isso, muitas vezes, ele sugeriu sucumbir à superficialidade, quando apenas garantia a empresários, a atores e a si mesmo o necessário pão de cada dia.

Aos nove anos de idade, em São Luís, Artur Azevedo escreveu a primeira peça. Aos dez, a segunda, sobre o episódio de Múcio Cévola e Lars Porsena, que leu na *Seleta Francesa*. Chegando ao Rio, com dezoito anos (nasceu em 1855), trazia na bagagem *Amor por Anexins*, "entreato cômico", feito três anos antes, em 1870. O autor considerava-o seu primeiro trabalho teatral – "farsa, entremez, entreato, ou que melhor nome tenha em juízo [...] escrito para as meninas Riosa, que o representaram em quase todo o Brasil e até em Portugal". No texto, Isaías desfila, com verve espantosa, número imenso de provérbios, ao pedir a mão da viúva Inês. Ela pergunta se ele já viu representar *As Pragas do Capitão* e explica: "Era um militar que praguejava muito. A senhora que ele amava deu-lhe a mão de esposa, mas depois de estabelecer-lhe a condição de não praguejar durante meia hora". Li *Les*

Jurons de Cadillac, de Pierre Berton – por certo a fonte de *Amor por Anexins*, como foram muitas outras comédias francesas o estímulo para as suas adaptações e paródias (*La fille de Madame Angot*, de Clairville, Siraudin e Koning, com música de Charles Lecocq, passando a *A filha de Maria Angu*, ou *La Belle Hélène*, ópera bufa de Jacques Offenbach, com libreto de Meilhac e Halévy, a *Abel, Helena*, por exemplo).

O Teatro no Brasil, de Múcio da Paixão, transcreve resposta de Artur Azevedo a Cardoso da Motta, defendendo-se da crítica de que teria principiado a *débâcle* teatral. Antes dele, outros haviam concedido ao gosto popular – "o mestre que mais prezo entre os literatos brasileiros, passados e presentes (Machado de Assis), havia colaborado, embora anonimamente, nas *Cenas da Vida do Rio de Janeiro*, espirituosa paródia d'*A Dama das Camélias*".

Prosseguiu Artur Azevedo:

> Pobre, paupérrimo, e com encargos de família, tinha o meu destino naturalmente traçado pelo êxito da peça [*A Filha de Maria Angu*]; entretanto, procurei fugir-lhe. Escrevi uma comédia literária, *A Almanjarra*, em que não havia monólogos nem apartes, e essa comédia esperou catorze anos para ser representada; escrevi uma comédia em três atos, em verso, *A Jóia*, e para que tivesse as honras da representação, fui coagido a desistir dos meus direitos de autor; mais tarde escrevi um drama com Urbano Duarte, e esse drama foi proibido pelo Conservatório [a Censura da época]; tentei introduzir Molière no nosso teatro: trasladei *A Escola dos Maridos* em redondilha portuguesa, e a peça foi representada apenas onze vezes. Ultimamente a empresa do Recreio, quando, obedecendo a singular capricho, desejava ver o teatro vazio, anunciava uma representação da minha comédia em verso *O Badejo*. O meu último trabalho, *O Retrato a Óleo*, foi representado meia dúzia de vezes. Alguns críticos trataram-me como se eu houvesse cometido um crime; um deles afirmou que eu insultara a família brasileira!
>
> Em resumo: todas as vezes que tentei fazer teatro sério, em paga só recebi censuras e apodos, injustiças e tudo isto a seco, ao passo que, enveredando pela bambochata, não me faltaram nunca elogios, festas, aplausos e proventos. Relevem-me citar esta última fórmula da glória, mas – que diabo! – ela é essencial para um pai de família que vive da sua pena!...
>
> Não, meu caro Sr. Cardoso da Motta, não fui eu o causador da *débâcle*: não fiz mais do que plantar e colher os únicos frutos de que era suscetível o terreno que encontrei preparado.

Essa defesa, mais do que justificativa para as "concessões" de Artur Azevedo, funciona como diagnóstico da situação teatral no Rio de Janeiro e no Brasil, nas décadas próximas à passagem do século. Mas não cabe pensar apenas em abdicação de critérios estéticos superiores, quando o sério comediógrafo de *O Dote* enveredou para a revista de ano. Sua primeira incursão no gênero foi *O Rio de Janeiro em 1877* e sucederam-se numerosos êxitos, a partir de *O Mandarim*, de 1884. A leitura dessas obras, agora possível, na edição do *Teatro Completo*, mostra que elas superam os episódios circunstanciais que lhes deram origem. Temos muito entranhado o preconceito contra as produções ligeiras, ainda que elas façam a delícia do público.

A necessidade de explicar sua escolha acompanhou toda a trajetória de Artur Azevedo. O folhetim de 17/18 de fevereiro de 1898 de *A Notícia* o autor consagrou inteiro a uma "Carta a Coelho Neto", que, no dia dez daquele mês, na *Gazeta de Notícias*, criticou duramente *O Jagunço*, "revista fluminense dos acontecimentos de 1897", estreada cinco dias antes no Teatro Recreio Dramático. O autor de *Quebranto* sentenciou: "Pesa-me ver esse escritor num caminho errado, porque o considero o primeiro dos nossos comediógrafos, e eu, que hoje o acuso, já com fogoso entusiasmo, o aplaudi quando o chamaram à cena na noite memorável da primeira da *Escola dos Maridos*".

Artur argumenta:

> Meu amigo, se eu tivesse a glória de ser considerado por todos o primeiro dos nossos comediógrafos a que deveria essa reputação? *À Escola dos Maridos?* Não, porque *A Escola dos Maridos*, depois de me fazer suar o topete para pô-la em cena a contragosto de um empresário, deu apenas onze representações. *À Jóia?* Não, porque *A Jóia*, que só foi representada porque desisti dos direitos de autor em benefício da atriz encarregada do primeiro papel, teve apenas algumas vazantes. Ao *Barão de Pituassu*, prosseguimento da *Véspera de Reis?* Não, porque o *Barão de Pituassu* cai lastimosamente. Aos *Noivos*, que tu citas? Não, porque *os Noivos* não tiveram grande carreira. *À Donzela Teodora*, que igualmente citas? Não, porque *A Donzela Teodora* foi um triunfo, não para mim, mas para Abdon Milanez. À própria *Véspera de Reis?* Não, porque na *Véspera de Reis* o autor era completamente ofuscado pelo trabalho colossal de Xisto Bahia. À *Almanjarra*, que considero a minha comédia menos ruim? Não, porque *A Almanjarra*, representada quatorze anos depois de escrita, passou completamente despercebida. À *Casa de Orates*, que escrevi de colaboração com meu ilustre irmão Aluísio? Não, porque a *Casa de Orates* desapareceu do cartaz no fim de poucas récitas. A minha reputação, se a tenho, meu caro Coelho Neto, devo-a exclusivamente ao que tu chamas a chirinola [chirinola, segundo o Dicionário do Aurélio, é confusão, trapalhada, e coisa que não se entende, embrulhada, confusa]. Todas as vezes que tento fazer bom teatro, é uma desilusão para mim e um sacrifício para o empresário... Por isso é que reclamo o Teatro Municipal!

Artur Azevedo batalhou como ninguém pela construção do Teatro Municipal do Rio, que ele desejava destinar a uma companhia brasileira permanente. A casa de espetáculos foi inaugurada um ano depois de sua morte e, pela nossa indefectível mentalidade colonizada, só excepcionalmente entram ali obras nacionais. Mas o grande homem de teatro nunca deixou de lutar pela afirmação dos nossos valores. Nomeado, em 1908, diretor do Teatro da Exposição Nacional, erguido na Praia Vermelha do Rio, ele encenou, em menos de três meses, quinze originais, de autoria de Machado de Assis, Martins Pena, França Júnior, Arthur Rocha, Coelho Neto, Filinto de Almeida, José de Alencar, Goulart de Andrade, Júlia Lopes de Almeida, Pinheiro Guimarães e José Piza. Para essa temporada, escreveu *Vida e Morte*, adaptada de seu conto original *In Extremis*. Admirável projeto cultural, que não sobreviveu muito à morte do dramaturgo.

Se nos despirmos de preconceitos a propósito de gêneros, não teremos dificuldade de reconhecer que as burletas *A Capital Federal*, de 1897, e *O Mambembe* (em colaboração com José Piza), de 1904, são excepcionais, situando-se entre os momentos mais altos da literatura teatral brasileira. Nelas, Artur Azevedo equilibra bem a comicidade, a observação dos costumes, os diferentes tipos, o ritmo vertiginoso e a idéia de espetáculo, encantamento para a vista e o ouvido.

Reelaborando em *A Capital Federal* a revista do ano *O Tribofe* – por insistência do ator Brandão e a conselho do autor Eduardo Garrido –, assim Artur Azevedo justificou-lhe a forma de "comédia-opereta":

> Como uma simples comédia saía do gênero dos espetáculos atuais do Recreio Dramático, e isso não convinha nem ao empresário, nem ao autor, nem aos artistas, nem ao público, resolvi escrever uma peça espetaculosa, que deparasse aos nossos cenógrafos mais uma ocasião de fazer boa figura, e recorri também ao indispensável condimento da música ligeira, sem, contudo, descer até o gênero conhecido pela característica denominação de maxixe.

No texto, que retoma filão de Martins Pena, põe-se em confronto a província e o Rio, por meio de uma família de roceiros, vinda de São João do Sabará. Desmontam-se as tentações e os "pecados" da Capital Federal, embora não haja maior declaração de fascínio pela cidade e finalize o diálogo uma apoteose à vida rural: "É na roça, é no campo, é no sertão, é na lavoura que está a vida e o progresso da nossa querida Pátria".

Metalinguagem das mais felizes da História do Teatro, não apenas brasileiro, *O Mambembe* põe em cena uma companha ambulante, na aventura cotidiana que é excursionar pelo Interior. De tudo acontece nesse "mambembar" – desde a impossibilidade de pagamento de um hotel, por falta de dinheiro, até a atriz principal ser reconhecida como filha de "nhô" Chico Inácio, chefe do Pito Aceso, que salva as finanças da companhia. Quando se diz que o teatro é mentiroso, a protagonista replica: "Mentiroso, mas cheio de surpresas e sensações. Anteontem estávamos desanimados, tendo perdido quase a esperança de poder voltar à nossa casa, e ainda agora, ajoelhadas e de mãos postas, naquela igreja, agradecemos a Deus a reviravolta que houve na nossa situação. Para isso bastou um espetáculo".

Artur Azevedo sabia que o êxito de um espetáculo bastava para, além do efêmero, assegurar a permanência, o sortilégio e a glória do teatro.

4. Periodização do Teatro Brasileiro Moderno

A proximidade no tempo, como se sabe, não permite distinguir com nitidez movimentos, escolas ou tendências, que à distância adquirem contornos de clareza irrecusável. Ainda separamos, muitas vezes por pequenas diferenças, numerosos *ismos*, que no futuro possivelmente serão englobados sob uma única denominação. Futurismo, expressionismo, dadaísmo, surrealismo cederão lugar, talvez, a uma escola de nome diverso, que não só conterá todos mas os iluminará com uma luz mais profunda e esclarecedora.

Em relação ao teatro brasileiro moderno, a primeira idéia do estudioso é a de se encontrar diante de uma realidade caótica, achando-se lado a lado propostas contraditórias e impulsos que se negam simultaneamente. Sob certo aspecto, para se diagnosticar a existência de um panorama diversificado, é até bom que se choquem intenções opostas. Mas, sobretudo para fins didáticos, poderá ser útil o reconhecimento de tônicas ou hegemonias, que traçarão com linhas objetivas a evolução do nosso palco.

Para a arte brasileira em geral – literatura, música, artes plásticas, arquitetura – a Semana de 1922 é considerada, sem maiores polêmicas, marco divisório. Ninguém contesta que as manifestações realizadas no Teatro Municipal de São Paulo tiveram importância catalisadora, assumindo papel renovador que se estenderia a toda a vida brasileira. Entretanto, o teatro esteve ausente da Semana. Seria ele arte enjeitada, menor, subliterária? Nada disso. Provavelmente por ser uma síntese de elementos artísticos, o teatro precisasse de renovação em cada uma das partes que o compõem, para empreender a mudança total do espetáculo.

Basta correr os olhos pelos cartazes de São Paulo para concluir que eles nada tinham em comum com a Semana de Arte Moderna. Vejam-se as montagens de fevereiro de 1922: no Cassino Antártica, estreava a Grande Companhia Espanhola de Operetas Elena D'Algy; no Teatro Santana, apresentava-se a Cia. Aura Abranches, com uma comédia de costumes portugueses de autoria da atriz, chamada *Magdalena Arrependida* (o conjunto encenou, a seguir, *A Volta da Guerra*, dos franceses Flers e Croisset, e *O Gaiato de Lisboa*); no Teatro Bela Vista, realizava-se uma temporada da Cia. Italiana de Operetas, dirigida pelo ator Raimondo de Angelis; no Teatro Apolo, havia um espetáculo de variedades com The Gus Brown Trio (cantores, dançarinos e acrobatas) e Severa, fadista portuguesa; no Teatro Brasil, estava a Cia. Celeste Reis, de operetas e revistas; e, no Teatro Apolo, a Empresa Luiz Alonso, com um espetáculo de variedades.

No Rio, a situação era melhor, embora estivesse distante do espírito da Semana. A Cia. Abigail Maia, liderada por Viriato Corrêa e Oduvaldo Vianna, continuava o programa de montagem de peças brasileiras, entre as quais *Onde Canta o Sabiá*, de Gastão Tojeiro. No elenco, Abigail, Apolônia Pinto, Procópio Ferreira, Manoel Durães. A Cia. Dramática do Centenário, com Itália Fausta, só iria estrear em setembro. A Comédia Brasileira, em temporada oficial, tendo no elenco Lucélia Peres e Maria Castro, lançou em julho *E a Vida Continuou...*, de Ruth Leite Ribeiro de Castro. Em fins de outubro, Renato Vianna fundou a Sociedade dos Companheiros da Quimera, que ofereceu em dezembro a sua peça *A Última Encarnação de Fausto*, com música de cena de Villa Lobos.

No mais, teatro musicado, em que Jayme Costa e Vicente Celestino faziam sucesso na Cia. Nacional de Melodramas, com *Os Alegres Bolchevistas*, burleta de Gastão Tojeiro. Leopoldo Fróes, em abril, encabeçava uma companhia de operetas, com *A Casa das Três Meninas*, de Schubert. E, em dezembro, a companhia de revistas de Otília Amorim levava *Meu Bem, Não Chora!*, de Carlos Bittencourt e Cardoso de Menezes, com música de Assis Pacheco.

Não obstante as ambições de algumas comédias de costumes, pode-se afirmar que o sopro renovador da Semana, no campo da literatura, não se comunicou à dramaturgia brasileira, na década de vinte. Os postulados dos modernistas só vieram a repercutir, quanto às encenações, no Teatro de Brinquedo, fundado no Rio de Janeiro por Eugênia e Álvaro Moreyra. As diversas tentativas de Renato Vianna, apesar de teoricamente escoradas em nomes que modificaram o palco europeu, como Stanislávski e Meierhold, não atingiram a plenitude artística, em parte pelas suas deficiências como encenador e em parte pela total falsidade de sua dramaturgia. Se a Semana de Arte Moderna visava a renovar todas as artes, num momento em que se irmanavam poetas, romancistas, músicos, pintores, escultores, arquitetos, o teatro continuou melancolicamente amarrado à sua rotina comercial. Que tônica o distinguiria então?

Se a dramaturgia não produziu obras marcantes e nosso teatro não incorporara ainda a figura do encenador, um elemento se sobrepunha aos demais, na década de vinte: o ator. De Leopoldo Fróes a Procópio Ferreira, passando por nomes como Jayme Costa, Abigail Maia, Apolônia Pinto, Itália Fausta, o intérprete tinha a hegemonia em nosso palco. E é compreensível que assim acontecesse, pelas próprias características da vida teatral. Uma peça permanecia em cartaz poucos dias, sendo produzida para o consumo imediato e não a glória das grandes temporadas. Os ensaios, assim, não podiam prolongar-se, com os cuidados exigidos por um encenador. O brilho do espetáculo dependia fundamentalmente do intérprete, cujo dom de improvisação e cujo charme pessoal compensavam a presença incômoda do "ponto". Um teatro sem grandes textos e sem diretor tinha de apoiar-se, forçosamente, na presença do ator. Por instinto, nós não nos afastávamos, na década de vinte, daquilo que definia a especificidade do fenômeno teatral: a presença física do ator diante do público.

A hegemonia do ator poderia ter sido quebrada, na década de trinta, pelas peças de Oswald de Andrade, que pela primeira vez colocavam no palco os princípios da Revolução Modernista. Mas quiseram as circunstâncias que essa dramaturgia, radicalmente inovadora, não conhecesse na ocasião a prova do palco, e se conservasse, portanto, como obra de literatura, sem chegar a ser pleno teatro. Não só *O Rei da Vela*, *O Homem e o Cavalo* e *A Morta*, escritas entre 1933 e 1937, estavam completamente à margem da dramaturgia levada na época, mas a implantação do Estado Novo, com seu terrível aparato censor, deveria relegá-las à estante. Só em 1967, com a montagem de *O Rei da Vela* pelo elenco do Teatro Oficina, Oswald pôde ser avaliado, na sua espantosa modernidade. A força de Oswald não derrubou, na década de trinta, a hegemonia do ator.

E houve na época algumas experiências, que procuraram alterar as coordenadas vigentes. Uma delas foi, em 1938, uma temporada da Cia. Dulcina-Odilon no Municipal do Rio, com um repertório mais exigente, em que se distinguia *Bodas de Sangue*, de Lorca, e uma preocupação real com os cenários. Mas os espetáculos posteriores do elenco deixaram patente que, mais importante que a renovação do repertório e da montagem, era a presença da própria atriz. Isto é, Dulcina sempre foi uma personificação autêntica da fase da hegemonia do ator. Outra experiência digna de menção: também em 1938, a estréia do Teatro do Estudante do Brasil, dirigido por Paschoal Carlos Magno, com *Romeu e Julieta*, de Shakespeare. Se houve um propósito de valorizar a encenação, a trajetória do elenco, nas décadas seguintes, provou que o Teatro do Estudante do Brasil não poderia apresentar o modelo de um espetáculo comandado pelo encenador. Em ambos os casos, tratou-se de tentativas pioneiras mas embrionárias, sem aquele vigor indiscutível, que definiria uma renovação.

A mudança do panorama teatral brasileiro deu-se em 1943, com a estréia carioca de *Vestido de Noiva*, de Nelson Rodrigues, pelos Comediantes, sob a direção de Ziembinski. Fato curioso é que, na montagem, surgiam duas renovações: a da dramaturgia e a da encenação. Se o texto foi fundamental para o desenvolvimento da literatura dramática brasileira, o novo período que surgiu não foi o do autor, mas o do diretor. Por quê? Talvez fosse mais urgente, na época, a renovação do espetáculo que a da nossa dramaturgia.

A estréia de *Vestido de Noiva* não determinou a imposição do autor brasileiro, mas a necessidade de um diretor, para harmonizar os elementos do espetáculo. Não havia ainda, naquele ano, número suficiente de dramaturgos, e de qualidade, para caracterizar um movimento. *Vestido de Noiva*, como texto, permaneceu um fenômeno isolado, não só na criação dramática brasileira, mas do próprio autor. Já o rendimento cênico obtido por Ziembinski recomendava a adoção de alguns novos princípios: o teatro de equipe em lugar do astro do período anterior, o cuidado estético no preparo dos cenários e dos figurinos, e a presença da iluminação como criadora de atmosfera. A vedeta, marcando uma nova hegemonia, passava a ser a do encenador.

Por outro lado, o Brasil, isolado do mundo pela Segunda Grande Guerra, procurava o contato com outros centros. A fase era menos de aprofundamento das nossas raízes que de atualização pelas conquistas estrangeiras. Veja-se, por exemplo, na literatura, a geração de 45, que, diferentemente dos ciclos romanescos da década anterior, pautava as suas descobertas por Eliot, Valéry, Rilke, Joyce, Kafka. Importava mais, na época, falar uma pretensa linguagem universal do que pesquisar uma especificidade brasileira. No teatro essa mentalidade levava ao cosmopolitismo, com a adoção do repertório vigente nos centros internacionais, em prejuízo do autor brasileiro. Por mais que Os Comediantes pretendessem valorizar a prata da casa, seus espetáculos se fizeram com Molière, Pirandello, Anouilh, Montherlant, Achard. Nelson Rodrigues e o Lúcio Cardoso de *O Escravo* eram suficientes para definir uma linha nacional de repertório.

Em 1948, o empresário italiano Franco Zampari fundou, em São Paulo, o Teatro Brasileiro de Comédia, desejando absorver, fundamentalmente, a experiência artística de Os Comediantes. Para estruturar-se, o elenco aproveitou sobretudo os valores de dois conjuntos locais – o Grupo de Teatro Experimental, dirigido por Alfredo Mesquita, e o Grupo Universitário de Teatro, dirigido por Décio de Almeida Prado. Mas a tônica do TBC foi dada, desde o início, pela presença do encenador estrangeiro, já que não dispúnhamos dessa figura em nossos quadros.

O primeiro foi o italiano Adolfo Celi, a quem se juntaram, no correr dos anos, outros italianos – Luciano Salce, Flaminio Bollini Cerri, Ruggero Jacobbi, Gianni Ratto (vindo inicialmente para o Teatro Maria Della Costa, no mesmo esquema de produção) e Alberto D'Aversa –, o polonês Ziembinski e o belga Maurice Vaneau. No início da década de cinqüenta, trabalharam simultaneamente no elenco cinco desses encenadores, numa riqueza de meios de que não se podiam gabar nem os conjuntos europeus subvencionados. Embora, no melhor momento, o TBC contasse também trinta intérpretes estáveis, entre esses a maioria dos principais valores da nova geração, a estética era ditada pela presença todo-poderosa do encenador, ao qual se subordinavam os demais elementos do espetáculo.

As fórmulas do teatro de equipe e do ecletismo de repertório, pautados em linhas gerais pelo sucesso de Paris ou da Broadway, traziam para o primeiro plano a figura do encenador. Não era significativo montar essa ou aquela peça, de acordo com uma ideologia, mas a maneira pela qual se realizava o espetáculo. Isto é, justificavam-se tanto um texto comercial como um clássico, pela categoria dada à encenação: bons desempenhos, cenário adequado, figurinos de gosto. Tudo coordenado pela batuta unitária do diretor, transformando em matéria artística elementos possivelmente díspares. E se atendia, assim, ao gosto cosmopolita da clientela, que podia dispensar uma ida ao *boulevard* parisiense ou a Nova York, para satisfazer seu gosto pelo teatro.

Não se condene precipitadamente essa estética, por não corresponder a uma coerência que reclamamos hoje da atividade cênica. Embora sem clareza doutrinária a justificá-la, ela atendia a uma verdade milenar do teatro, de que a crítica freqüentemente se esquece: pode-se fazer bom espetáculo sem que o texto seja uma obra-prima. A montagem, como síntese de elementos, se comunica pelo impacto global ou pela precedência de um ou outro valor assinalável. Melhor se todos os elementos satisfizerem igualmente. Mas a história mostra, por exemplo, a insuficiência do repertório interpretado por alguns monstros sagrados, do brasileiro João Caetano à francesa Sarah Bernhardt. E nem por isso seus espetáculos eram menos apreciados.

A fase da hegemonia do encenador teve a virtude de chamar a atenção para algumas verdades: a boa montagem tem uma dignidade artística à qual não se vincula, necessariamente, o texto isolado; criou-se o hábito de ver o espetáculo como um todo estilístico, contribuindo os vários elementos para construir uma unidade de arte; e, seja qual for o propósito de uma encenação, ela não dispensa mais a figura do diretor.

A revisão dos valores representados pelo TBC permitiu tomar corpo a crítica segundo a qual se pretendeu impor ao trópico e à nossa tradição popular um gosto burguês, europeizado, distante de uma vitalidade brasileira. A própria prosódia dos atores estaria mais ligada a uma escola de contenção britânica do que à fala habitual do país. O TBC seria um bom elenco médio europeu ou norte-americano – nunca uma companhia portadora da linguagem nacional. E na mesma crítica incorreriam os elencos desdobrados do TBC – a Cia. Nydia Licia-Sérgio Cardoso, a Cia. Tônia-Celi-Autran, o Teatro Cacilda Becker, o Teatro dos Sete –, que marcaram a paisagem da década de cinqüenta. Mesmo os sobreviventes da tradição anterior, como Jayme Costa e Procópio Ferreira, procuraram enquadrar-se nas novas exigências de um espetáculo dirigido. Parecia ser essa uma verdade irrecusável.

E eis que o Teatro de Arena de São Paulo, precisamente a partir do lançamento de *Eles Não Usam Black-tie*, de Gianfrancesco Guarnieri, em 1958, mudou a tônica do nosso palco, estabelecendo a hegemonia do autor. Com a profissionalização, em termos dignos, estabelecida pelo TBC, o teatro passou a interessar numerosos jovens, que tinham uma mensagem a ser transmitida. O país vivia um momento de tentativa de afirmação nacional, de euforia criadora, de fúria desenvolvimentista. Essa atmosfera deveria influir no teatro e ser também o produto dele, pela força de independência emanada do palco. O Arena, que no início poderia ser definido como um TBC mais pobre, porque sem os astros e os cenários e figurinos dispendiosos, foi o primeiro a tomar consciência da nova realidade e a exprimi-la em sua pujança.

Contribuiu para essa modificação, em primeiro lugar, a própria economia do Arena. Enquanto o TBC e as companhias saídas dele pensavam, basicamente, na colaboração do diretor estrangeiro, o Arena foi fundado por um brasileiro, José Renato, que encenou sozinho seus primeiros espetáculos. Quando o Arena sentiu necessidade de contratar mais um diretor, para manter um ritmo ininterrupto de produções, não recorreu a um estrangeiro, mas foi buscar no Rio o jovem Augusto Boal, que vinha de um curso de Dramaturgia e Direção nos Estados Unidos. Já estava expressa aí uma política.

Ainda assim, o Arena adotou, durante vários anos, a orientação de ecletismo no repertório, a qual não se distanciava muito das premissas do TBC. Dois fatores contribuíram para a mudança de rumos: a criação de um Seminário de Dramaturgia, reunindo jovens interessados em escrever para o teatro, e o sucesso, até certo ponto, inesperado e excepcional de *Eles Não Usam Black-tie*, de Guarnieri, que era ator do grupo e participante do Seminário. O êxito comprovado de uma peça brasileira, que não se destinava à diversão ou ao fortalecimento moral da burguesia, tinha um sentido preciso. Novos valores se propunham, correspondendo a preocupações que andavam pelo ar. *Black-tie* tratava de um tema urbano, do momento – a reivindicação de melhores salários.

Abriu-se o caminho para que novas peças, de outros autores brasileiros, pudessem ser experimentadas, sem o nacional complexo de inferioridade. *Chapetuba Futebol Clube*, de Oduvaldo Vianna Filho, e *Revolução na América do Sul*, de Augusto Boal, foram novos lançamentos expressivos, consolidando a política de afirmação do repertório e do dramaturgo brasileiros. Por meio desses textos e de outros, o Arena procurava incorporar o Brasil ao teatro, explorando-lhe as mais diversas realidades. Como a peça não está isolada no fenômeno teatral, tentou-se complementar a ação do diálogo pela descoberta de um estilo brasileiro de desempenho e de montagem. Nesse processo de levantamento de uma autenticidade nacional, foi de grande valia o Método de Stanislávski, adaptado também pelo *Actors' Studio* às exigências da linguagem norte-americana.

A renovação empreendida pelo Arena comunicou-se a grupos do Rio e de outros Estados, influenciando o próprio TBC, que, em nova fase, no inicio da década de sessenta, confiou a direção artística a um brasileiro, Flávio Rangel, responsável pelo lançamento de dois textos nacionais importantes: *O Pagador de Promessas*, de Dias Gomes, e *A Semente*, também de Gianfrancesco Guarnieri. Estava assegurada a fisionomia brasileira do nosso teatro, que havia encontrado uma identidade e uma forma de expressão. Seriam elas suficientes?

O Arena mesmo encontrou uma resposta para essa pergunta. O nacionalismo é uma fase da luta pela emancipação. Importa despertar as forças nacionais, na medida em que elas negam o imperialismo cultural. Mas é preciso ter em mente, de um lado, que o nacionalismo, em si, não é satisfatório, porque se fecha a um intercâmbio sempre fecundo com os outros países, e assume com freqüência postura agressiva, em busca de uma superioridade condenável. E, de outro lado, o nacionalismo, transformado em mística, não resolve as contradições internas do ofício. Como se sabe, um trabalhador é muito mais irmão de um colega, de outra nacionalidade, do que de quem o explora, no próprio país. Não se esqueça que as fronteiras, apesar das dificuldades hoje opostas até ao turismo, tendem no futuro a diluir-se. Com esse raciocínio, o Arena e os grupos empenhados em apresentar uma mensagem verdadeira assimilaram de imediato a lição de Brecht, que se espalhava pelo mundo inteiro. Mais que a identificação stanislavskiana, importava o estranhamento do teatro épico e dialético de Brecht.

Na nova trilha, Augusto Boal e Gianfrancesco Guarnieri escreveram, de início, *Arena Conta Zumbi*, com música de Edu Lobo, e mais tarde *Arena Conta Tiradentes*, com música de Gilberto Gil, Sidney Miller e Caetano Veloso. Boal formulou a teoria do Curinga, que pode ser considerada um abrasileiramento do sistema brechtiano, especialmente para as condições de trabalho do Arena. No pequeno espaço de seu palco, sendo apenas de 150 espectadores a capacidade da platéia, impunha-se conceber uma montagem econômica, sem elenco numeroso. O Sistema Curinga resolveu o problema com um pequeno núcleo fixo de atores, que desempenhavam todos os papéis. Assim, em princípio, um ator interpretava diversas personagens, e todas as personagens podiam ser interpretadas pelos mais diversos atores. Evitava-se a identificação de um ator ao papel e os papéis eram enriquecidos pelos diferentes ângulos sob os quais os viam os vários intérpretes. Apenas o protagonista (Tiradentes, por exemplo) era encarnado por um só ator, para que se produzisse a empatia, nos moldes do método stanislavskiano. E o Curinga era o ator que, à semelhança do jogo de cartas, podia entrar em cena a qualquer momento, para preencher uma função vaga. A concepção narrativa, com todas as exigências antiilusórias, estava preservada no Sistema Curinga.

A evolução do Teatro Oficina equiparou-se, até certo ponto, à do Arena. Depois dos inícios um tanto indecisos, o elenco trabalhou no Método de Stanislávski, realizando, em 1963, o espetáculo realista porventura mais perfeito visto no Brasil: *Pequenos Burgueses,* de Górki. A influência brechtiana fez-se sentir, depois, até em *Os Inimigos,* outra peça de Górki, encenada fora dos moldes do realismo. Quando o Oficina enfrentou o próprio Brecht, porém, não seguiu uma ortodoxia rígida e até certo ponto empobrecedora da poesia brechtiana: a *Galileu Galilei,* deu um sopro tropical, que evitava uma certa frieza do racionalista adulto; e *Na Selva das Cidades* tinha a vibração caótica e incontrolável do jovem Brecht. Antes dessas duas obras, o Oficina assumiu tropicalmente o Brasil com a montagem de *O Rei da Vela,* de Oswald de Andrade. E, depois de um início de experiência em comum com o elenco do Living Theatre, dirigido por Judith Malina e Julian Beck, e com o Grupo Lobo, de Buenos Aires, o encenador José Celso Martinez Corrêa partiu, em *Gracias, Señor,* para a criação coletiva e uma tentativa de realizar um projeto juntamente com a platéia. Pode-se afirmar que o grupo, em uma década, sintetizou todo o itinerário do teatro moderno, desde o realismo de fins do século XIX até Brecht e os rituais de Artaud e Grotóvski, caminhando paralelamente às pesquisas do *Living Theatre.*

Se foi possível distinguir sucessivamente a hegemonia do intérprete, a do encenador e a do dramaturgo, a quem pertenceria o último período? Talvez não se reconheça essa hegemonia num artista específico, mas ela se localiza no espetáculo como um todo, assinalando-se o propósito de transmitir uma verdade comum, tanto assim que se chegou à fórmula da criação coletiva. Não haveria um artista privilegiado no fenômeno cênico, valendo ele pela integração perfeita das várias partes, como unidade estética e, sobretudo, pela tentativa de constituir um alimento completo para o público.

Mesmo a proposta crítica dos elencos mais comprometidos com a realidade social não alterou as características das platéias freqüentadoras de teatro. Elas se recrutaram sempre nas camadas economicamente privilegiadas, por ser o espetáculo, de natureza artesanal, proporcionalmente mais dispendioso que as outras formas de entretenimento. Fora a classe média alta, que encontrou, sobretudo no TBC, um teatro para o seu gosto e a sua ideologia, somente os estudantes ficaram motivados para as estréias do Arena e do Oficina. Num certo momento, julgava-se imprescindível a presença dos estudantes para assegurar o êxito de uma montagem. Com as maiores restrições impostas pelo Ato Institucional n. 5, de 13 de dezembro de 1968, os estudantes começaram a desinteressar-se do teatro, que não lhes dava mais o indispensável estímulo para o debate aberto. Como a presença física do ator abre o diálogo a todas as possibilidades, não se achando a obra de arte fechada na tela, no vídeo ou no livro, espera-se do teatro uma franqueza e um cotejo que dão a medida de seu verdadeiro interesse. Vedada a liberdade no confronto entre a arte e o espectador, este mergulha na apatia e não encontra motivo para deslocar-se de casa até um teatro, pagando pelo ingresso um preço elevado. E, apesar de serem as mais bem intencionadas as tentativas de teatro popular, nunca houve condições, no esquema de produção vigente no Brasil, para que ele se tornasse realidade.

É do domínio público a crise que o teatro atravessa hoje no país. Há muitos anos, não se registra um número tão reduzido de montagens, que por sua vez são vistas por tão poucos espectadores. Muitas são as causas da crise, a começar do pequeno auxílio concedido pelos órgãos governamentais ao teatro (hoje cancelado), o qual nem acompanhava índices de desvalorização da moeda, proclamados pelas autoridades. Sem a pequena garantia da ajuda oficial, o empresário não se arrisca em montagens audaciosas, e a produção tímida não constitui atração suficiente para o público. Forma-se o círculo vicioso, em prejuízo do espectador e do próprio teatro.

A classe teatral tentou, num momento, oferecer às autoridades planos válidos, que superassem a crise momentânea e a resolvessem a longo prazo, em profundidade. Não é simples, com tantos problemas contraditórios, achar um denominador comum, que atenda à maioria das necessidades. Todos sabem que a crise maior do teatro vem de não ter ele conseguido nunca institucionalizar-se, por não contar com uma tradição enraizada no povo, quando começou a voga dos meios de comunicação de massas. Muita gente pensa que seria do maior proveito para o teatro uma ampla campanha publicitária, que o promovesse como artigo de consumo.

A verdade é que, se ele não puder chegar livremente ao público, tudo parecerá um paliativo de pouco efeito. E, mesmo que o teatro não morra, por ser uma necessidade vital do homem, ele enfrenta o perigo de estiolar-se no marasmo, se se prolongar a fase atual de desinteresse do Estado pelo seu destino.

5. Problemas dos Dramaturgos

A Associação Paulista de Autores Teatrais, entidade que congrega cerca de trinta dramaturgos atuando profissionalmente, para o público adulto, procura refletir sobre os problemas que enfrentam mais de perto os seus membros. Já pelo número expressivo de associados, impensável há três décadas, poderíamos concluir que sua produção alimentaria continuamente os palcos da cidade, sem recorrer aos escritores de outros Estados e aos estrangeiros de qualquer tempo.

Essa verificação, que não esconde um princípio otimista, está desacompanhada de tranqüilidade a respeito dos reflexos práticos em causa. Não teria o menor sentido um isolacionismo que omitisse outros valores, de todas as procedências. Poucos dramaturgos vivem com o resultado financeiro de sua obra. A preferência do público é sempre um mistério, difícil de decifrar. A cada peça que estréia, o teatro recomeça praticamente do nada.

Em recente mesa-redonda, Renata Pallottini, presidente da Apart, formulou uma série de perguntas, que seria interessante responder. A quem se destina o teatro que se faz em São Paulo e no Brasil? Que deseja o público que vai ao teatro hoje aqui? Deve-se dar a ele só o que quer? É importante para o nosso público uma dramaturgia brasileira? É o teatro não-comercial necessariamente deficitário? Deve o poder ajudar o teatro? E, no caso afirmativo, como? Quais os melhores caminhos para a dramaturgia brasileira atual? Por que o teatro atrai menos público do que já atraiu? Acha-se a dramaturgia brasileira bem divulgada? O teatro chamado burguês é necessariamente de menor importância?

Essas questões se desdobrariam facilmente em outras, dependendo do ângulo em que se colocasse o observador. Alguns tópicos prescindem de pesquisa, para serem imediatamente esclarecidos. Não apenas em São Paulo mas em outras capitais, o teatro se destina à classe média de maior poder econômico, porque o preço do ingresso, embora um dos menos onerosos do mundo, é ainda caro para a capacidade aquisitiva da população. Nesse raciocínio, deve colocar-se também o problema da prioridade. A exigência cultural pertence a um grau refinado do estádio do indivíduo. Num país de nível educativo tão inferior, as necessidades se bastam com prazeres primários.

Mas não cabe esquecer ponderações de ordem diferente. Quando Roger Planchon, que sucedeu a Jean Vilar na direção do admirável Teatro Nacional Popular francês, esteve em São Paulo, perguntei-lhe a quantas andava a política de público. Ele não se fez de rogado. Depois de anos na tentativa de implantar um teatro popular, era forçoso dizer, melancolicamente: "O operário só vai ao teatro para construí-lo". E isso na França. O que não impede, no Brasil, vários grupos se dedicarem generosamente à tarefa de levar espetáculos à periferia, na busca de romper privilégio das classes abastadas.

A origem social do espectador determinaria o gênero de montagem a ser oferecido? Isto é, a platéia das salas do centro preferiria um repertório ameno, que não lhe contestasse as vantagens, enquanto os pobres se estimulariam por peças reivindicadoras, advogando a transformação da sociedade? Raciocínio levantado nesses termos acaba por ser redutor. Sabe-se que um certo padrão de debate motiva muito a intelectualidade, recrutada entre os que tiveram a chance de receber educação superior. E o proletariado foge das agruras cotidianas por meio de compensações artificiais, que freqüentemente não supõem a consciência da realidade. E sem esquecer que a massificação, proposta pela maioria dos meios, impede um raciocínio lúcido e isento.

Os vários públicos interessados no teatro esperam ofertas diversas, segundo suas expectativas. Há os que desejam ver pessoalmente um astro ou estrela da televisão (eu mesmo, acompanhando uma temporada na Broadway, não perdi um espetáculo interpretado pelos atores que povoavam minha adolescência cinematográfica, e não me arrependo). Há os que se regalam com uma bela nudez feminina (estou sendo retrógrado: hoje, muitas mulheres e homens apreciam também a masculina). Há os que procuram o riso, "porque de triste basta a vida". Mas há, por outro lado, os que desejam do espetáculo um alimento espiritual, que dramatize as suas dúvidas existenciais, em linguagem artística aprimorada. A presença do público é inerente ao fenômeno do espetáculo e o encontro se dará em nível mais elevado na medida em que o autor suscitar um debate transcendental.

Talvez Shakespeare oferecesse ao espectador algo a que ele estivesse habituado – crimes, lutas, violência, fantasmas, suspense, diversão. Nesse território conhecido, ele inoculava sub-repticiamente a sua genial reflexão sobre o destino humano. Atendia ao desejo do público e acrescentava o que lhe parecia primordial – a mais profunda indagação a respeito do papel do homem na terra. Faculta-se fazer leituras de Shakespeare, como aliás de todos os grande autores, em vários níveis, mas um texto se torna perene se vai além da expectativa imediata da platéia.

DRAMATURGIA NACIONAL

Uma dramaturgia brasileira é essencial, porque nela o público se reconhece mais facilmente. Até o Teatro Brasileiro de Comédia, de gosto estético europeizado (por múltiplas razões, cuja análise não se justificaria neste comentário), se deixava tomar por frêmito especial quando lançava uma peça de Abílio Pereira de Almeida. A platéia se sentia retratada em cena, inclusive sob a sua perspectiva ideológica. Repito, porém, que o prestígio à dramaturgia brasileira não deve desembocar em nacionalismo estreito, que prescinda dos clássicos e dos modernos de mérito do mundo inteiro. A linguagem artística é, primordialmente, universal.

Julgo impossível definir o que seja comercial ou não no teatro. Seria a intenção do autor e do empreendimento ou o resultado junto ao público? Sabe-se que uma peça, que ninguém imaginaria ser comercial, alcança êxito enorme, ao passo que outra, feita com o objetivo de produzir dinheiro, se converte em inesperado malogro. Assim, um teatro deliberadamente não-comercial deixa de ser, por definição, deficitário. Creio, contudo, que o raciocínio ganharia em tomar outra direção.

Um teatro não-comercial, deficitário ou não, precisa ser subsidiado pelo poder público, porque "o amparo à cultura é dever do Estado". Esse entendimento generalizou-se na Europa, dos países liberais aos de esquerda, e os Estados Unidos, depois do obscurantismo macartista, não põem em dúvida o mesmo princípio, apesar de apregoarem o sistema da livre iniciativa. No Brasil, no fim da pândega sinistra da ditadura militar, não sobrou um tostão para a atividade cultural, e o governo tenta agora – ao que se espera, provisoriamente – transferir a responsabilidade do subsídio à iniciativa privada, mediante a concessão de vantagens fiscais.

A ajuda é bem-vinda, mas o teatro não pode ficar à mercê da maior ou menor compreensão dos empresários particulares, de resto muito onerados pelos desmandos oficiais. O Estado tem que assumir sua obrigação constitucional e não custa o teatro arregimentar-se desde logo para exigir o que durante algum tempo recebeu. Nunca será demais lembrar que a Comissão Estadual de Teatro de São Paulo, embora a lei estabelecesse a obrigatoriedade da montagem de uma peça brasileira para duas estrangeiras, decidiu conceder metade de sua verba para o texto nacional, estimulando prontamente o surgimento de muitos autores. E deve ser atribuído tratamento preferencial ao dramaturgo estreante, que um júri responsável escolher, porque assim, o empresário não se assusta com o risco do nome inédito. O subsídio estatal ganha em estender-se sem dúvida ao teatro cultural de qualquer país. E é importante aplicar capitais na infra-estrutura, ampliando o número de casas de espetáculos e oferecendo condições razoáveis para que sejam utilizadas, bem como proporcionando facilidades no transporte dos elencos para os mais distantes pontos.

A dramaturgia brasileira precisa abrir-se a todos os caminhos, de acordo com o impulso das variadas vocações e o interesse dos múltiplos públicos. Não foi por acaso que nasceu o que se convencionou chamar "besteirol". Ele corresponde a determinado gosto dos espectadores pelos esquetes de atualidades, semelhantes aos números cômicos da televisão, e facilita a tarefa autoral de fôlego curto, remanescente e adaptada da antiga revista. Nosso mal é que, dando certo uma receita, todo mundo cai na moda, e depois de algum tempo ninguém agüenta a fórmula. Não vou inventariar todas as fases de que fomos vítimas, mas muita gente se lembrará da praga da expressão corporal, do distanciamento brechtiano, do teatro agressivo e dos palavrões, das vazias criações coletivas, da nudez gratuita, não me ocorrem quantas coisas mais. Agora (ao menos na teoria) sem censura e sem necessidade do combate prioritário ao crime organizado do militarismo ditatorial, o autor pode entregar-se aos vôos da imaginação, explorar o veio poético e não prender-se tanto às circunstâncias.

É verdade que os temas palpitantes do momento parecem seduzir a curiosidade geral. O dramaturgo não deve esquecer, porém, que os textos construídos sobre episódios circunstanciais costumam ser logo superados pelo noticiário jornalístico. Não é função da dramaturgia substituir-se à crônica política. Uma boa peça discerne, no *fait divers*, a marca da perenidade, extraindo dele certos componentes míticos do indivíduo. Num país em que praticamente tudo está ainda por ser examinado, a gama de assuntos e de estilos se mostra inesgotável.

Não estou certo de que o teatro atraia hoje menos público do que já atraiu. Numa perspectiva histórica, sobretudo das últimas décadas, verifica-se, ao contrário, que, se em 1950 só contava o TBC, multiplicam-se em nossos dias as atrações, ainda que fora do esquema do elenco permanente e considerando numerosos fatores: a concorrência da tevê, da música erudita e popular, da dança, do cinema, das diversões noturnas e dos restaurantes, e a verdadeira batalha que se tornou o trânsito em São Paulo. Se, proporcionalmente ao aumento da população, talvez não se tenha registrado progresso palpável, o espectador potencial encontra número muito mais expressivo de opções. Dificilmente se acompanha o ritmo de estréias.

MENOS DIVULGAÇÃO

Ao longo dos anos, viu-se a mudança da divulgação da dramaturgia nos jornais. Na década de cinqüenta, o teatro era considerado arte "nobre", justificando a existência de enormes colunas informativas e de críticas extensas. O espaço das páginas de arte passou a ser reivindicado, com razão, pela música, pelo cinema, pelos shows, pelas artes plásticas, pela tevê, por variedades. O número de páginas impressas não teve condições de crescer na mesma proporção das matérias obrigatórias e, em conseqüência, diminuiu o tamanho específico de cada matéria. A notícia praticamente restringiu-se à estréia, abrindo-se as colunas apenas para os eventos de ampla repercussão. A crítica, antes análise minuciosa de todos os elementos do espetáculo, tende a circunscrever-se a uma informação sucinta para o leitor. O ensaísmo cede lugar à impressão sintética. Não adianta reclamar: são imperativos da realidade do jornal, como um todo. Impossibilitado de estender-se sobre o objeto comentado, o bom crítico se conhece pela capacidade de situá-lo.

Já era tempo de criarmos revistas especializadas, que aprofundassem o que escapa da ligeireza jornalística. Nenhuma das publicações do gênero, apesar do heroísmo que as distingue, satisfaz inteiramente ao crítico e ao leitor. Na origem das lacunas está sempre a escassez de verbas. Algum apaixonado por estudos sérios estaria disposto agora a financiar uma revista de alto padrão, em troca dos benefícios fiscais? Também se publicam algumas peças, mas as editoras nem de longe acompanham o movimento das estréias. Sempre a desculpa de que a dramaturgia é para ser vista e não lida, e as tiragens não chegam a ser compensadoras. Os textos brasileiros atuais estão, em verdade, muito mal documentados.

A derradeira questão proposta na mesa-redonda: seria necessariamente de menor importância o chamado teatro burguês? Ou, em outras palavras, o que se convencionou tachar de "teatrão"? Pirandelliano convicto, no sentido de acreditar na absoluta relatividade dos juízos, tremo nas bases diante dessa pergunta. Há muito tempo, entrevistei num camarim, em Paris, o comediógrafo André Roussin, que interpretava uma de suas peças. Procurei-o quase por dever de ofício, porque sua obra povoava, na ocasião, os cartazes do Rio de Janeiro. Provavelmente sugeri pouco apreço pelo que ele escrevia, escutando uma afirmação peremptória: "Sou, no teatro francês, o legítimo herdeiro de Molière". A sinceridade nada cabotina da assertiva, externando convicção clara, me aturdiu. Teria ele razão? Não seríamos obtusos, por não perceber na aparente ligeireza das comédias o parentesco invocado com o autor de *O Misantropo*? Com certeza, eu não teria coragem de dizer que a História jamais confirmará sua esperança. Quem sabe Roussin se consagrará como o clássico da comédia moderna?

OS AUTORES E A FAMA

Muitos autores, exaltados pelos contemporâneos, desaparecem para a posteridade. E alguns não-reconhecidos crescem, com o correr do tempo. Não faz mal ter sempre em mente que a história da crítica é uma história de equívocos. O que, por outro lado, não exime da responsabilidade pela honesta emissão de juízos. Quanto ao problema, não só o "teatrão" não é necessariamente de menor importância, mas pode ser julgado, no futuro, o mais representativo dos dias atuais, enquanto experiências de vanguarda eventualmente se sepultem no esquecimento.

Ofereço à meditação uma verdade histórica intrigante: na Grécia e na Idade Média, em épocas nas quais o teatro congregava praticamente a população inteira, o fator que unia o público era antes a religiosidade que o sentimento de arte. O ato de fé precedia o fenômeno estético, mesmo que este passasse, depois, ao primeiro plano. Hoje, quando nenhum estímulo religioso reúne espectadores numa platéia, qual seria o móvel coletivo a juntar indivíduos tão díspares diante de uma montagem?

Não sou adivinho, mas suponho que, intuitivamente, o público espera que o espetáculo responda a uma indagação que anda pelo ar, que preencha, de alguma forma, os seus anseios e sonhos.

6. Millôr no Palco

Vindo para o Teatro Maria Della Costa, depois de dois anos de casas lotadas no Rio de Janeiro, *É...* já passou em julgado, ao menos para o público. Uma focalização correta, agora, seria mais a de pesquisar o motivo do êxito do que propriamente fazer uma crítica. Ou, na impossibilidade desse caminho, dar um testemunho pessoal sobre o espetáculo.

A primeira observação incide num lugar-comum inevitável: *É...* obtém sucesso porque houve uma conjunção feliz do texto de Millôr Fernandes, na direção de Paulo José, da cenografia de Marcos Flaksman e do elenco, em que sobressai Fernanda Montenegro, num dos mais perfeitos desempenhos de sua admirável carreira. O espetáculo responde a uma necessidade do público freqüentador de teatro, que vê alguns de seus problemas tratados numa ótica inteligente, sensível e madura.

Ouço objeções a *É...* como peça "machista" e reacionária. Millôr teria caricaturado os jovens (sobretudo a jovem), dispensando um cultivo carinhoso ao próprio narcisismo de cinqüentão. A sabedoria e a firmeza do homem experiente derrotariam, num confronto, o jovem indeciso, perplexo em face de posições teóricas não filtradas em vivência. O texto advogaria quase a destruição de valores reclamados pelas novas gerações.

Não vou negar que esses elementos participam da peça. Mas eles têm contrapartida em outros dados. Essa realidade existe menos como ideologia do autor do que como isenta observação do cotidiano, em que eles se impregnaram. *É...* tem uma virtude inicial de não falsear a psicologia, em função de uma tese a ser defendida. Muitas de suas verdades brotam da leitura clara de arquétipos. O resultado não poderia fugir a uma reflexão por certo desconsolada e cética, mas profundamente humana da existência.

O núcleo da ação não é a proposta de Oto (David José) ao amigo e mestre Mário (Fernando Torres) para que engravide Ludmira (Ester Góis), já que se comprovou sua esterilidade. Está aí a mola cerebral do conflito, exposto com a mesma objetividade das teses de um Bernard Shaw. A força inconsciente e superior que propulsiona os acontecimentos nasce da súbita revelação de vida que Mário vê em Ludmila, e do impulso edipiano que a prende a ele. A sustenção dos conflitos parte de motivos obscuros e vitais.

Talvez haja uma ligeira perfídia antifeminista no retrato de Ludmila, que deixa de comparecer às reuniões políticas programadas e ostenta com orgulho a enorme barriga. A caracterização de Oto nada lhe fica a dever: o suicídio, depois de um pretenso cinismo, mostra a vitória dos sentimentos fundamentais. Caberia concluir que Millôr externa um preconceito contra a juventude? Não se deve esquecer que ele, grande humorista, caçoa do ridículo inerente a todas as pretensas inovações. De Aristófanes a Molière, a comédia sempre corrigiu os excessos, o que lhe confere um certo sabor retrógrado. Que pode ser também considerado experiência e sereno domínio do mundo.

O mérito de *É...*, subjacente à história que desenvolve, está no vigor com que vai quebrando tabus. O raciocínio de todos os protagonistas parece de lógica indiscutível e, trazido para o convívio, logo se revela insubsistente. Millôr atribui um poder maior aos fatores emocionais, sem que representem uma capitulação do aspecto racional. A razão acompanha passo a passo a emoção, para que não se esfacele em inépcia.

Por isso, a personagem mais bem elaborada é Vera (Fernanda Montenegro), que vive espontaneamente as suas emoções, embora as comente, a cada instante, num distanciamento crítico. Nela, Millôr funde com extrema argúcia a penetração do psicólogo, a graça do humorista e a seriedade do autor dramático. São quadros antológicos de teatralidade aqueles em que Vera telefona a Ludmila, escreve-lhe uma carta e finalmente a visita. Ou quando conta a Sara (Nilda Maria) a aventura frustrada com um jovem.

Com tantas características positivas, *É...* deixa num plano secundário as restrições. Cabe lembrar que as rupturas de estranhamento, sob a chancela brechtiana, não escondem um processo de composição um tanto linear. A apresentação do tema demanda longo tempo, numa técnica de bate-papo que esgarça a dramaticidade. Só na segunda parte, assim, o espetáculo adquire um dinamismo convincente. Autorizado pelos clássicos, pródigos em aias e confidentes, Millôr pintou Sara como mero papel de apoio, que fica a reclamar uma personalidade, embora esteja classificado como de consultoria sentimental e tenha um justo e sólido desabafo, no desfecho. É... situa-se como a melhor peça de Millôr Fernandes e aponta para ele um caminho novo de reflexão, em que se questionaria a sua completa visão humana. As numerosas qualidades a colocam entre as obras enriquecedoras da moderna dramaturgia brasileira.

Paulo José compreendeu muito bem o espírito do texto e o transmite com absoluta fidelidade. Sua preocupação é a de deixar claros todos os propósitos, valorizando sobretudo o desempenho. No melhor dos sentidos, pode-se afirmar que ele se apaga, sem ceder ao exibicionismo e ao cabotinismo comum nos encenadores, e marca a sua presença pela leitura inteligente da peça e pela precisão dos efeitos obtidos.

A tarefa deve ter sido imensamente facilitada para Paulo José por causa do elenco de categoria que ele reuniu, ao lado de Fernanda Montenegro e Fernando Torres. Tanto no Rio como em São Paulo os atores foram escolhidos de acordo com as sugestões psicológicas e físicas dos papéis, o que dá ao espetáculo a indispensável verdade para sustentá-lo. A circunstância de não participarem desde o início os intérpretes paulistas em nada desequilibrou o rendimento do conjunto.

Fernanda há muito tempo atingiu aquele estádio em que a crítica passa do repetitivo ao simplesmente encomiástico. Ela tem a transparência absoluta em que a personagem registra todas as reações. Mantendo a própria identidade, Fernanda consegue transfigurar-se na personagem, que adquire consistência carnal por meio de sua voz, de seus gestos e de suas atitudes. Com uma versatilidade inacreditável, Fernanda pratica as rupturas indicadas pelo texto e retoma Vera sem que se perceba um hiato rítmico. O conhecimento da mulher brasileira, a idade, a experiência humana contribuíram para o encontro perfeito de Fernanda e Vera. São momentos inesquecíveis aqueles em que a atriz pratica o ritual de preparar a mesa, disputa o marido com a rival e narra à amiga a frustração da noite com o adolescente.

Fernando Torres talvez tenha apenas menos oportunidade de exibir sua potencialidade interpretativa, mas se impõe pelo domínio e pela lucidez. Ester Góes encarna a vitalidade explosiva de Ludmila. David José conjuga o cerebral e o emotivo de Oto. E Nilda Maria confere dignidade ao ingrato papel de Sara.

Os cenários de Marcos Flaksman apresentam como característica dominante a funcionalidade. Dois giratórios mudam com rapidez os ambientes. Vê-se que alguns surgem como mera adaptação de outros, mas a solução simplificada não compromete o resultado estético.

7. Salve Amizade, de Flávio Marinho[1]

Sob a aparência leve, quase brincalhona, *Salve Amizade*, sem dar-se ares de profundidade, propõe uma análise muito aguda: a do confronto entre as imagens da juventude e a realidade do adulto. O tema, na forma tratada pelo dramaturgo Flávio Marinho, ganha inequívoca atualidade.

Mencionei imagens e não ideais porque Léa (Louise Cardoso), ao longo de duas décadas, parece ter preservado intacto o sonho incorruptível da adolescência. Na festa que ela e Ritinha (Cristina Pereira) organizam, verdadeira "armadilha de amor" para dois colegas de estudos, a decepção tem desfechos diferentes: Ritinha consola-se com a perspectiva de se tornar efetivamente amiga de Pedrão (Paulo César Grande), quando seu intento era fazer sexo; e Léa se desiludiu com Nandinho (Giuseppe Oristânio), líder estudantil contra a ditadura e hoje advogado de causas espúrias. Nandinho confessa seu oportunismo nas duas posições, e admite a hipótese de nova mudança, se se alterarem as regras do jogo político. Justifica-se ele com a circunstância de ter sido arrimo de família, enquanto os outros eram ricos de berço, e trouxe à festa uma namorada jovem, Shirley (Cláudia Mauro), inferior intelectualmente às outras personagens, e que "pra ela eu ainda sou o grande Nandinho do topete...".

1. Matéria do programa do espetáculo, encenado no Rio de Janeiro em 1997 e, em São Paulo, em 1998.

O autor constrói um diálogo ágil, em que as freqüentes falas para o público, ressuscitando o velho aparte, têm a função de equilibrar o juízo interior e a necessária comédia do convívio social. Esconde-se, na trama, um fundo de amargura, que se dilui no momento em que as duas amigas, de novo sós, discutem se uma nova festinha dará certo ou não. Léa aconselha Ritinha a tentar Oswaldo, e se espanta que ela não soubesse que o amigo sempre foi homossexual. A amável ironia de Flávio Marinho encerra com inteligência *Salve Amizade*.

8. Um Dramaturgo não Rotineiro (Bosco Brasil)

Basta a leitura das primeiras réplicas de *Cheiro de Chuva* e de *Novas Diretrizes em Tempo de Paz* para saber que se está em face de um dramaturgo original, distante do padrão rotineiro do teatro.

O diálogo travado entre a Professora e o Aluno, na primeira peça, levaria um autor convencional a estabelecer uma trama em que os dois, pela atração mútua, acabariam chegando às vias de fato. Bosco Brasil prefere o caminho da sutileza. A Professora, ante a ameaça de chuva, convida o Aluno para dançarem. "Falar do tempo é bom. A gente fala, fala, e não diz nada. Nada de sério; nada de importante. Isso é bom mesmo", eis a observação dela, depois que ele admitiu ter falado demais e que é bom jogar conversa fora. Ao som de *Stormy Weather*, eles dançam, num jogo de ir e vir, até que um trovão os afasta. O aluno, diante da chuva próxima, diz ser melhor ir andando, enquanto ela o retém, porque "Ainda dá tempo". A rubrica menciona que os dois apenas se olham, e cai o pano, restando o mistério a respeito do desfecho. Ao invés de apresentar um final prosaico, a peça permite ao leitor ou espectador conjecturar a propósito do que se passará, de acordo com a sua imaginação. O dramaturgo não impõe uma ou outra solução a propósito desse encontro, facultando ao leitor ou ao público a liberdade de fazer a própria escolha. E é importante observar que o autor não recorre a nenhum passe de mágica, dando ao desenvolvimento da trama absoluta coerência.

Numa prova de que Bosco Brasil não se confina num único tipo de criação, *Novas Diretrizes em Tempos de Paz* se transfere para outro gênero de história, escolhendo como cenário a sala de imigração do porto do Rio de Janeiro, na década de 1940. Também aqui são dois os protagonistas, o ator Clausewitz e o interrogador Segismundo, ambos com cerca de quarenta anos. A ação transcorre, como menciona Clausewitz, no dia 18 de abril de 1945, quando o conflito na Europa está próximo do fim, mas no Brasil "ainda estamos em guerra".

Entende-se, por isso, o interrogatório feito por Segismundo, que teme ser nazista Clausewitz, embora ele viesse da Polônia, onde era ator. Clausewitz esclarece que decidiu ser agricultor, porque não haveria mais lugar no mundo para o Teatro, depois da Guerra.

O desfecho da peça, porém, é uma verdadeira declaração de amor ao teatro. Mesmo sabendo que o Brasil precisa de braços para a agricultura, ele é ator e continuará fiel à sua vocação. Se não sabe para que serve o Teatro no mundo, depois da guerra, um dia alguém saberá. Segismundo quer conhecer a história do texto, cujo protagonista tem o seu nome. E o pano cai enquanto Clausewitz conta a trama de *A Vida É Sonho*, de Calderón de la Barca. Uma bonita conclusão, glorificando uma das verdadeiras obras-primas da dramaturgia.

9. Plínio Marcos Dramatiza a Marginalidade

Se Oswald de Andrade, Nelson Rodrigues, Jorge Andrade, Ariano Suassuna, Gianfrancesco Guarnieri, Oduvaldo Vianna Filho, Augusto Boal e Dias Gomes, entre outros, deram contribuições específicas à dramaturgia brasileira, a de Plínio Marcos foi a de incorporar o tema da marginalidade, em linguagem de desconhecida violência.

Já em 1959 o estilo do autor poderia ser do domínio público, se a peça *Barrela* não ficasse circunscrita a uma única apresentação, no Festival Nacional de Teatro de Estudantes, realizado em Santos. O embaixador Paschoal Carlos Magno, um dos maiores animadores do nosso palco e promotor do certame, obteve licença especial para essa récita isolada, pois a proverbial estupidez da censura não precisou aguardar a ditadura militar para manifestar-se.

É quase inacreditável que um jovem de 24 anos (Plínio nasceu em 1935 e faleceu em 1999), sem nenhuma experiência teatral e literária, tendo apenas atuado como palhaço de circo, escrevesse uma peça com tanta maestria, uma noção tão precisa de diálogo e de estrutura dramática, uma limpeza completa de ornamentos inúteis. A concentração do texto tem muito do mais puro classicismo. Antes que se esgote uma virtualidade do conflito, Plínio muda o centro de interesse da ação e a trama resulta una e compacta.

Barrela ("curra", na gíria presidiária) instaura um diálogo de total verdade, em que a ausência de palavrões falsearia as cenas e as personagens. Entretanto, foram necessários vinte anos para que a peça chegasse à platéia (a estréia deu-se em julho de 1980, sob o signo da abertura política). Seria outra a evolução da dramaturgia brasileira, se ela pudesse ter sido apresentada logo depois de escrita? Não adianta permanecer em conjecturas, ainda mais considerando que o lançamento de *Dois Perdidos numa Noite Suja,* em 1966, no espaço alternativo do desaparecido Ponto de Encontro, na avenida São Luís em São Paulo, provocou idêntico impacto. E *Navalha na Carne,* vinda a seguir, consolidou o nome de Plínio Marcos como o mais vigoroso talento surgido na década de 1960.

Dois Perdidos numa Noite Suja inspira-se em uma história de Alberto Moravia, "O Terror de Roma", incluída na coletânea *Contos Romanos*[1]. Esse foi, porém, o ponto de partida, pois a dramatização supera em todos os sentidos o original. Sobretudo porque Plínio se vale de sua primitiva experiência no circo. Paco e Tonho revivem a dupla do *clown* e Toni, na técnica de puxar as falas, impedindo que a tensão caia. E, além das mudanças das peripécias e do recheio da história, uma circunstância altera fundamentalmente a focalização artística, no novo veículo: enquanto, no conto, há um narrador, sob cuja perspectiva se desenrola a trama, a peça atribui peso semelhante aos dois protagonistas (o narrador converte-se em Tonho, e Lorusso se transforma em Paco). A passagem de Roma para o submundo brasileiro traz violência maior à linguagem.

Navalha na Carne passa-se em um "sórdido quarto de hotel de quinta classe", reunindo a prostituta Neusa Sueli, o cáften Vado e o empregado homossexual Veludo. Poucas vezes uma obra mostrou tão perfeita adequação entre criaturas e diálogo, aprofundando, com um corte vertical na realidade, a condição humana. O patético retrato do submundo se amplia para o macrocosmo do duro relacionamento na vida atual. Despidas de valores que transmitem transcendência à aventura humana, as personagens exemplificam o horror da exploração, quando uma se converte em objeto para a outra, e só resta o gosto da miséria.

Plínio não faz um panfleto contra a injustiça social que acarreta aquela deformação. A crítica e a denúncia estão implícitas na sua narrativa, que vai ao fundo dos acontecimentos.

Navalha na Carne mostra uma corrente de absurdos em que todos são algozes e vítimas. Vado explora Neusa Sueli, que por sua vez exige que ele a satisfaça. Veludo furta o dinheiro deixado pela prostituta para o cáften, a fim de obter os favores do rapaz do bar. Todos compram e se vendem nesse universo de reificação. A imagem final de derrota é mostrada por Neusa Sueli, que acaba a noite sozinha, comendo um sanduíche de mortadela.

1. Alberto Moravia, O Terror de Roma, *Contos Romanos*, São Paulo: Difel, 1985.

Uma análise superficial de *Abajur Lilás,* escrita em 1969 e só liberada pela censura em 1980, suporia que ela repete em parte *Navalha na Carne.* Entretanto, a semelhança está apenas na presença de prostitutas no elenco. Porque o que a peça realiza é o mais incisivo, duro e violento diagnóstico do país, após o golpe de 1964. A estrutura do poder ilegítimo está desmontada, para revelar, com meridiana clareza, um ríctus sinistro.

A trama se basta em si mesma, autêntica na sua crueza. Em face do proprietário do prostíbulo e de seu truculento auxiliar, uma prostituta é acomodada, por receio de represálias; outra pensa em obter vantagens e chega à delação; e a terceira é a revoltada irracional, que não mede conseqüências. O microcosmo retratado remete, metaforicamente, ao doloroso macrocosmo político vivido durante a ditadura, em aguda pintura dos vários comportamentos assumidos por nossa sociedade.

Depois do êxito de *Dois Perdidos numa Noite Suja* e *Navalha na Carne,* era fácil imaginar que Plínio, no bom sentido, ficasse na moda. E suas peças foram se sucedendo no cartaz, tendo freqüentemente apresentações simultâneas. Não está feito ainda o inventário completo de sua produção, estimada em ao menos três dezenas de textos, alguns não levados ao palco, e compreendendo vários gêneros e tendências, do drama ao musical, ao show e ao infantil, e do realismo ao místico e ao poético.

Em 1967, não convence a recriação evangélica de *Dia Virá!,* com um Judas revolucionário, que trai Jesus para propiciar a rebelião popular. No mesmo ano, Maria Della Costa lança *Homens de Papel,* uma história sobre os catadores de rua, em que o autor, que dominava a triturante "luta de cérebros" de poucas personagens, se mostra capaz de lidar densamente com muitas criaturas.

A curta peça *Verde que te Quero Verde* participa da I Feira Paulista de Opinião, liberada por ordem judicial e interditada, em definitivo, com a edição do Ato Institucional n. 5, de 13 de dezembro de 1968, golpe ainda mais severo que o de 1º de abril de 1964. Na farsa desabrida, os militares encarregados da censura eram representados como gorilas, cuja senha consistia na exibição do rabo.

O Grupo Opinião do Rio trouxe a São Paulo, em 1969, *Jornada de um Imbecil até o Entendimento,* fábula sobre as relações humanas no conturbado mundo moderno. Trata-se de uma caricatura de traços carregados a propósito dos vários tipos que exemplificam a vida que nos é dada contemplar e sofrer. No jogo equacionado pelo autor, com visão comprometida e sem requintes, o texto se transforma aos poucos num retrato feroz, em tom de parábola infantil. A verve popular não tem precedente em nenhuma obra anterior.

Balbina de Iansã, estreada em 1971, parte do esquema shakespeariano de Romeu e Julieta (enredo popular transposto em termos eruditos) para construir uma trama de amor que rompe as estruturas.

Ao mesmo tempo que assume os valores dos terreiros de macumba, sob o pretexto de denunciar uma "mãe-de-santo", acaba por destruir as crenças místicas, em razão de uma escolha racional. A peça adota uma perspectiva crítica e otimista, abandonando o horizonte sombrio da tragédia, para instaurar um amor que recusa as superstições, apoiando-se na sua própria força.

Transposto do Teatro São Pedro para o São Paulo Chic, o espetáculo aprofunda o caminho da popularidade. Programa que o autor desenvolve levando *Quando as Máquinas Param,* no Sindicato dos Têxteis, a preços mais acessíveis. E o público não sofisticado recebe melhor a situação dramática do texto. Revigora-se o conflito entre a jovem grávida que deseja a todo custo preservar o filho e o marido que, desempregado e sem esperanças, a golpeia no ventre para provocar o aborto. A marca de sinceridade e inquietação atinge o público.

O diretor Osmar Rodrigues Cruz encomendou a Plínio Marcos uma peça sobre Noel Rosa, para inaugurar em 1977 o ótimo Teatro Popular do Sesi, na avenida Paulista. Infelizmente, *O Poeta da Vila e Seus Amores,* qualificado pelo autor como roteiro, não correspondeu à expectativa. O texto contenta-se, freqüentemente, com *flashes* e esboços, quando as exigências dramáticas impunham um desenvolvimento da história. Sente-se a falta de maior número de informações, e até a polêmica entre Noel e Wilson Batista, que ocupa tempo apreciável do espetáculo, permanece solta, sem justificativa plausível. Plínio se dá melhor com a própria vivência, não se sentindo à vontade nem mesmo com um compositor tão popular.

As características peculiares do dramaturgo reaparecem em *Signo da Discothèque,* encenada em 1979. O título sugere logo a postura contra a moral (ou falta dela) nascida nas discotecas. Somam-se aí a contínua defesa de Plínio contra a invasão do país pela moda estrangeira (os enlatados na televisão e a música de consumo, expulsando a criatividade nacional, por exemplo) e os distúrbios provocados por um gosto alienante. Num diálogo aparentemente impossível, reúnem-se em um apartamento em obras um operário, um estudante e uma jovem encontrada na discoteca. O machismo brasileiro é alvo de crítica implícita na peça, com a utilização da mulher como objeto, sem se cogitar de sua participação como parceria. E, se o propósito é o de usufruí-la, não se coloca impedimento para que os dois homens se revezem na posse. A crueza da situação, porém, não impede que se humanizem as personagens, ao se aclararem os móveis que as impelem.

A abertura consolidada em 1979 propicia um verdadeiro Festival Plínio Marcos, juntando-se às montagens em cartaz de *O Poeta da Vila e Seus Amores, Jornada de um Imbecil até o Entendimento, Signo da Discothèque* e *Oração para Um Pé-de-Chinelo,* proibida há dez anos e então liberada. Na trama, Bereco chega ao barracão habitado por Rato e Dilma, onde espera abrigar-se de matadores impunes. Sua presença significa o risco de morte para todos. Daí desejarem que ele se afaste. Por outro lado, Bereco não quer que ninguém saia do barracão, mesmo para adquirir o alimento essencial, porque tem medo de que o denunciem. A força dramática vem do conflito gerado por essa tensão. Mesmo que não se fique sabendo como surge o Esquadrão da Morte, ele aparece, no desfecho, para liquidar os marginais, com o seu método bárbaro. Fica patente, contudo, que, destituídos de qualquer resquício moral, animalizados no processo único da tentativa de sobreviver, eles se emaranham na desconfiança mútua e se tornam inimigos uns dos outros, acabando por se destruir por conta própria.

Plínio volta ao tema da religiosidade, não submetida a nenhum credo particular, em 1981, com *Jesus Homem,* que retoma a solidariedade evangélica da primitiva figura de Cristo. *Madame Blavatsky* (1985) dramatiza, com elementos da biografia e da obra de Helena Petrovna Blavatsky, fundadora da Sociedade Teosófica, sua procura de autoconhecimento, mas o resultado artístico deixa nítido que essa linha não é a que o coloca mais à vontade. Já *Balada de um Palhaço* (1986) devolve-o a seu universo circense, dos primeiros contatos com o público, ao qual acrescenta uma bela meditação sobre a atividade artística, em lírica e efetiva metalinguagem. E *Mancha Roxa* (1989) recupera a violência dos seus textos mais característicos e expressivos, ao teatralizar a descoberta da Aids num cárcere feminino.

O talento múltiplo de Plínio, embora mais bem realizado no palco, não se esgota nele. Têm muita força, também, as suas narrativas ficcionais e de reminiscências, a exemplo de *Na Barra do Catimbó, Querô, Uma Reportagem Maldita, Prisioneiro de uma Canção, Histórias das Quebradas do Mundaréu* e *Figurinha Difícil*: pornografando e subvertendo. Nesse último livro, de 1996, ele sintetiza seu ideário:

> Eu não quero ser figurinha. Eu quero é contar a história da gente minha, que é essa gente que só pega a pior, só come na banda podre o bagulho catado no chão da feira. Quero falar dessa gente que mora na beira dos córregos e quase se afoga toda vez que chove. Quero falar dessa gente que só berra geral sem nunca influir no resultado. É disso que quero falar[2].

A crítica Ilka Marinho Zanotto[3], ao prefaciar *Abajur Lilás*, publicado antes de conseguir liberação para montagem, perguntou: "Qual a lógica de escamotear do público o conhecimento de uma verdade que ninguém ignora?", para responder com argúcia: "Creio que a chave desse enigma está justamente na raiz da dramaturgia do autor: ela mostra como 'gente' aqueles que normalmente são considerados 'marginais'".

2. Plínio Marcos, *Figurinha Difícil:* pornografando e subvertendo, São Paulo: Senac, 1996.
3. Idem, *O Abajur Lilás*, São Paulo: Brasiliense, 1975.

10. Bepi Pastore entre Nós

Ninguém põe em dúvida que a cenografia é um dos pontos altos do teatro brasileiro. Desde que Santa Rosa concebeu, em 1943, a síntese admirável para *Vestido de Noiva*, renovando os conceitos dessa arte, ao mesmo tempo em que Nelson Rodrigues modificava as bases da nossa dramaturgia e Ziembinski as da encenação, criamos uma escola de incontestáveis valores, cujos méritos foram reconhecidos internacionalmente, na Quadrienal de Praga, por meio das obras de Flávio Império e Hélio Eichbauer.

Seria injusto omitir que grande parte da qualidade dos cenários apresentados no palco nacional, nas últimas décadas, se deve à importante contribuição de artistas italianos. Aldo Calvo, logo depois do fim da Segunda Guerra Mundial, passou a figurar no grupo do Teatro Brasileiro de Comédia, de tão significativo papel na consolidação de nova estética cênica. Se, depois, seu trabalho se concentrou na parte técnica dos projetos das casas de espetáculos, alguns dos cenários que realizou participam da história do gênero, no país.

Gianni Ratto, cenógrafo estável do Piccolo Teatro de Milão, radicou-se também entre nós, prosseguindo uma carreira de brilhantes trabalhos, estendidos com freqüência ao campo das montagens. E várias de nossas primeiras companhias abrigaram a obra de Tullio Costa, Mauro Francini e Bassano Vaccarini. Dominando, por tradição, os segredos do palco italiano, esse seleto e expressivo grupo de profissionais ajudou a escrever a História do nosso teatro.

Se as circunstâncias fossem outras, Bepi Pastore, revelado ao público brasileiro não em montagens, mas numa exposição, poderia participar da preciosa lista de cenógrafos que escolheram atravessar o Atlântico. E, certamente, seria muito bem-vindo. Porque já conhecíamos seu talento, como restaurador de numerosos teatros da região da Úmbria, desvirtuados ou simplesmente inutilizáveis, pela passagem do tempo. Em 1987, Pastore retornou ao Rio para colaborar no I Encontro Nacional dos Cenógrafos, Cenotécnicos e Arquitetos Teatrais. A experiência repetiu-se em 1988, e os ecos dos resultados são os mais animadores.

Fez Pastore itinerário diferente dos que se incorporaram ao Brasil: nascido em Veneza, mais tarde residindo em Foligno, na Úmbria, atuou na Alemanha e até mesmo na Finlândia. Ligou-se a Benno Besson, um dos mais insignes discípulos e continuadores de Brecht, e teve oportunidade de cenografar no famoso Deustsches Theater de Berlim, além de, com outros diretores, ter realizado criações no Maxim Gorki Theater, no Berliner Ensemble, na cidade de Magdeburgo e no Rovaniemen Teatteri finlandês.

Diferentemente da tendência que se observa em muitos cenógrafos europeus, sufocando a criação dramática em complicada maquinaria, Pastore acredita que "a melhor cenografia é aquela que não se vê, porque deve fornecer apenas as indicações sobre as quais o espectador solta a fantasia e deixa voar a imaginação". As suas concepções reduzem-se quase sempre ao essencial, e os objetos prestam-se a múltiplos usos. Embora pintor, ele sabe que o domínio próprio do teatro é a exploração certa do espaço.

O claro sentido da economia de meios não o impede de recorrer aos engenhos barrocos, desde que o texto o exija. Sem atravancar a área de representação, porque o ator deve ser privilegiado em cena, ele não se furta a utilizar o prestígio de efeitos e truques, se lhes cabe uma função efetiva no diálogo, como acontece em *Don Juan*, de Molière. Pastore imaginou uma máquina-armadilha, e o alçapão engolia o protagonista e soltava línguas de fogo, num projeto que, infelizmente, não chegou a ser executado.

As diversas soluções, dadas às três montagens de *Romeu e Julieta*, comprovam a flexibilidade do artista, que põe a imaginação a serviço da proposta do espetáculo e das características de cada local. Na montagem de que foi também co-diretor, em Lapperanta, na Finlândia, Pastore valeu-se de telões e cortinas, que evitam os longos intervalos e permitem um ritmo cinematográfico para os movimentos, o que não o impediu de citar, na cela de frei Lourenço, a pintura italiana dos séculos XIV e XV.

Depois de confrontar-nos com cenógrafo tão versátil, que absorveu e produziu obras na melhor linha do teatro moderno, só resta lamentar que ele não colaborasse com um de nossos elencos.

11. O Teatro Japonês mais Próximo de Nós

As pessoas que, no Brasil, se interessam pelo teatro japonês, de requinte estético admirável, em geral se referem ao Nô e ao Kabuki. A pequena bibliografia existente em português, embora de utilidade inegável para os estudiosos, não costuma ultrapassar essas duas formas artísticas, sem dúvida o maior legado de uma tradição de muitos séculos. Ao optar, em livro, pelo exame do Kyôguen, a professora Sakae Murakami Giroux ampliou o conhecimento do palco oriental, associando-o também à prática cênica do Ocidente.

O trabalho foi vazado com todo o rigor da pesquisa universitária, tendo a autora recorrido às melhores fontes do Japão. Mas fugiu ela à linguagem dos iniciados: os leigos podem acompanhar com facilidade o desenvolvimento do raciocínio e a exploração da matéria. O seguro cunho didático, sem prejudicar o prazer da leitura, fornece um quadro abrangente do tema.

Sakae afirma que o ensaio (merecedor de distinção em Mestrado na Escola de Comunicações e Artes da Universidade de São Paulo) nasceu de curiosidade em face de um gênero que ocupa tão poucas linhas nos livros ocidentais sobre o Teatro Clássico Japonês. Valeu a pena que ela satisfizesse sua curiosidade, pondo essa satisfação ao alcance do leitor. Contribuiu-se, de maneira significativa, para diminuir a distância entre os dois países e suas manifestações artísticas.

Primeira incursão do ensaísmo brasileiro no Kyôguen, o livro não deixa de lado nenhum aspecto de seu rico universo. Assim, ele parte da realidade: o Kyôguen e o Nô compõem um único programa, ainda que suas características sejam muito diferentes. Sem a máscara, o canto e a dança do Nô, o Kyôguen privilegia o diálogo e a situação cômica. Daí o seu feitio eminentemente popular.

A autora traça a evolução do gênero e classifica as peças. Nos mais de duzentos textos representados, há os que fixam o homem rico e felizardo, os deuses da felicidade, os lavradores, o mercado, o daimio (fazendeiro-guerreiro da época Muromachi), o Tarokaja (servo), o Jirokaja (complemento da personalidade do servo), os problemas de genro e sogro, o casal, o diabo, o benzedor, os religiosos, os monges, os escultores da imagem de Buda, os cegos, os ladrões, os malandros, as brigas etc. As personagens principais são objeto de análise detida, observando Sakae que "as mulheres do Kyôguen são figuras de caráter forte; especialmente as esposas. Diante delas, os homens são fraquíssimos". Vê-se que o Kyôguen revela elementos insuspeitados do caráter japonês.

Outra virtude do estudo é que ele não se limita à parte literária. O foco total ilumina o teatro como arte específica, estendendo-se à representação, o que supõe desde a arquitetura e o funcionamento do palco até o estilo do desempenho. No exame da linguagem, a autora ressalta o papel das onomatopéias.

De utilidade extraordinária mostra-se a tradução de oito peças representativas. Embora a autora ressalve que o fez de forma literal, sem preocupar-se com as exigências da fala brasileira no palco (por não ser dramaturga), creio que um bom encenador pode dar vida autêntica aos diálogos. As notas que os acompanham ajudam muito a compreendê-los.

O capítulo final do ensaio ressalta a modernidade do Kyôguen. Sakae está certa, ao chamar a atenção para essa verdade. As personagens dominantes do gênero se encontram por toda parte, não se vinculando necessariamente ao passado. E suas atitudes se confundem com o cotidiano de todo mundo. O público se reconhece nas tramas simples e diretas. Indo mais longe, a autora pode concluir que "a atemporalidade e o apelo para o raciocínio da platéia asseguram, em síntese, a modernidade do Kyôguen".

Um livro que analisa, com tanta competência, um gênero expressivo do palco japonês, e põe pela primeira vez ao alcance do leitor brasileiro uma antologia de suas peças, torna-se presença obrigatória na estante dos estudiosos de teatro.

(1989)

12. Senhorita Júlia, de Strindberg

Senhorita Júlia desmente de forma inequívoca o desdém que seu autor, August Strindberg (1849-1912), mostrou pelo palco. Escreveu ele que "o Teatro – e a arte de maneira geral – pareceu-me sempre uma *Bíblia pauperum,* uma bíblia em imagens para aqueles que não sabem ler o que está escrito ou impresso".

Consciente da renovação que empreendeu, ele declarou, com ênfase: "Evitei a ordenação simétrica e matemática do teatro francês e deixei os cérebros trabalharem livremente, como o fazem na realidade. Não é verdade que não se trata nenhum assunto a fundo numa conversação, mas que um cérebro abre para outro, fortuitamente, um caminho no qual ele se empenha? Eis porque meu diálogo bóia e faz no curso das primeiras cenas provisão de materiais que são depois retocados, retomados, repetidos, desenvolvidos e ordenados como o motivo na composição musical".

O leitor confirmará, na leitura, a justeza dessas observações. Os destinos são intercomunicáveis, tudo se interpenetra, nada permanece impune. A propósito da peça, Strindberg esclareceu: "Condensar o sofrimento, fazê-lo desencadear de um só golpe. Em toda peça, há uma cena; é essa cena que eu procuro".

Com admirável poder de síntese, o autor não se perde em veredas inúteis. Desde o início, sente-se o clímax em que decorrerá toda a ação. E ela se constrói em violenta luta de cérebros, mantida até o desfecho.

Por isso as personagens parecem estar num trapézio, sem cinto de segurança. Os motivos mais íntimos explodem, distantes de qualquer conveniência. Essa característica imprime absoluta autenticidade à dramaturgia strindberguiana. Inovação que a distingue como uma das mais avançadas a marcar o teatro moderno.

13. Anatol Ensaísta[1]

O ensaísmo teatral brasileiro não pode ser considerado dos mais ricos, ainda que, nos últimos anos, sobretudo com a disseminação das teses universitárias, as estantes passassem a contar ponderável número de estudos de historiografia. Aos poucos, aspectos antes desconhecidos ou ainda não ordenados da História do Teatro encontram a exata dimensão no panorama da nossa cultura.

Seria discutível estender a observação ao problema da Teoria do Teatro. Nesse campo, a contribuição brasileira se acha ainda no início. Pouquíssimos livros apresentam uma reflexão original, que traga luzes inéditas para o pensamento sobre as artes cênicas. Teria sentido socorrer-nos do velho preconceito, segundo o qual só recentemente nos capacitamos para a especulação pura? Creio ser mais simples explicar que, metalinguagem, a teoria teatral só nasce quando há terreno fértil em que exercitar-se, e esse terreno se tem ampliado apenas nas últimas décadas.

Nesse contexto, fica um tanto óbvio lembrar que Anatol Rosenfeld, autor de *O Teatro Épico*, nasceu na Alemanha, em 1912, estudando Filosofia, entre outras disciplinas, em Berlim, até 1934. A perseguição nazista aos judeus o obrigou a fugir para o Brasil, onde, antes de morrer, em 1974, estava consagrado como um dos nossos mais sólidos intelectuais. E não deve ser esquecido que a primeira edição do volume, em 1965, correspondia a um anseio geral de saber-se o que significava

---

1. Texto publicado como prefácio para o livro *O Teatro Épico*, de Anatol Rosenfeld, lançado pela Perspectiva.

teatro épico, em virtude da grande voga naqueles anos conhecida pelas peças e pelas teorias de Bertolt Brecht (1898-1956).

O livro de Anatol Rosenfeld tornou-se importante, por várias razões: como teatro subentende drama e o qualificativo épico, ligado a epopéia, aparentemente sugere um conúbio espúrio, a primeira parte trata da teoria dos gêneros, fundamentando com autoridade indiscutível a procedência da forma; depois, acreditava-se vulgarmente que, ao chamar seu novo teatro de épico, em contraposição ao dramático, tradicional, Brecht havia descoberto a pólvora, enquanto o ensaísta distingue traços narrativos desde a tragédia grega, rastreando-os até em nomes como os de Thornton Wilder e Paul Claudel; e finalmente, com o pretexto de apontar elementos épicos em quaisquer manifestações do palco, Anatol faz uma síntese admirável das mudanças essenciais por que passou o teatro, sem esquecer o oriental e, além da dramaturgia, a arte específica dos encenadores.

Não conheço teoria dos gêneros tão lucidamente exposta, em poucas páginas, como nesse livro. De Sócrates, Platão e Aristóteles, os primeiros a classificarem os gêneros, o ensaísta passa, com maior relevo, a Hegel e a Lessing, e exemplifica a prática de dois grandes autores – Goethe e Schiller –, discutida por felicidade em sua correspondência. Nenhum estudante encontrará, sobre o assunto, conceituação mais claramente didática, sem primarismo.

Anatol pôde dar-se o luxo de escolher, para ilustrar cada capítulo, os exemplos mais expressivos, porque dominava todos os temas pertinentes ao teatro, da evolução da literatura dramática à filosofia e à estética, das teorias sobre a encenação à prática do ator no palco. E esse conhecimento se escorava em disciplinas afins, como o romance, a poesia e a psicologia, de que foi estudioso e não apenas diletante. Daí a segurança com que são emitidos os conceitos de *O Teatro Épico*.

É com rara finura que Anatol encontra o dado fundamental de cada exemplificação escolhida. No teatro grego, ele distingue *Os Persas*, de Ésquilo, em que "nem sequer há o que se poderia chamar propriamente de ação atual", com predomínio da narrativa. Ao examinar o teatro pós-medieval, traz ao primeiro plano Gil Vicente e a criação jesuíta, numa prova de seu interesse pela cultura luso-brasileiia e hispânica. Shakespeare associa-se ao romantismo, em que tomam vulto os alemães, o italiano Manzoni e os franceses. Büchner (1813-1837) merece um capítulo especial, porque sua experiência "foi a da derrocada dos valores idealistas da época anterior, ante o surgir da concepção materialista, ligada ao rápido desenvolvimento das ciências naturais". Toda a trajetória desse extraordinário anunciador do teatro moderno está traçada em substanciosas páginas.

O leitor se surpreenderá ao ver apontados os elementos épicos, tão diferentes, na obra dos criadores da dramaturgia moderna. Anatol chama a atenção para uma circunstância que passaria despercebida:

"Como *Édipo*, a obra de Ibsen [*Os Espectros*] é, quase toda ela, uma longa exposição do passado, comprimida em 24 horas e num só lugar".

A propósito de Tchékhov, o crítico observa: "Apresentar personagens imersos no deserto do tédio – esse *taedium vitae* em que a existência se revela como o vácuo do Nada –, personagens que vivem no passado saudoso ou no futuro sonhado, mas nunca na atualidade do presente, talvez seja o tema mais épico e menos dramático que existe". *Os Tecelões*, de Hauptmann, oferece oportunidade para outra análise aguda. Strindberg e sua dramaturgia do Ego são privilegiados no estudo a respeito de *O Caminho de Damasco*.

O monólogo interior de *Estranho Interlúdio*, de O'Neill, dá margem a novas considerações sobre o processo narrativo. A "memória involuntária", de Arthur Miller, em *A Morte do Caixeiro-Viajante*, se aparenta a *Vestido de Noiva*, de Nelson Rodrigues, que a antecedeu de seis temporadas. Thornton Wilder, autor de *Nossa Cidade*, é esmiuçado em sua "consciência planetária" e "microscópica". Também Paul Claudel faz jus a um capítulo à parte, para que sejam convenientemente dissecadas as peças *O Sapato de Cetim* e *O Livro de Cristóvão Colombo*. Admite Anatol: "Dando à teoria dos gêneros de Hegel uma interpretação um tanto arbitrária, teríamos na dramaturgia de Claudel realmente uma 'síntese' da Lírica e da Épica, embora o resultado seja precisamente a dissolução da Dramática pura".

A última parte do livro é inteira dedicada ao teatro épico de Brecht, o que não surpreende, porque ambos ficaram indissociados, desde o posfácio escrito para a "ópera" *Mahagonny*, em que se esquematizam as formas dramática e épica. Os leitores superficiais desse quadro didático tenderiam a pensar que Brecht relegou a um passado dramático insatisfatório toda a produção que o antecedeu. Este livro, entre tantas virtudes, tem a de esclarecer em definitivo esse equívoco, mostrando como a concepção do autor de *O Círculo de Giz Caucasiano* decorre de um processo histórico não nascido com ele, mas que encontrou a culminância em sua obra. A forma épica foi a que melhor se prestou à concretização de uma dramaturgia de crítica marxista da sociedade, ainda que Paul Claudel se servisse de recursos a ela aparentados para exprimir sua visão cristã do mundo.

Entre as publicações deixadas por Anatol Rosenfeld (citam-se *Doze Estudos*, *Texto/Contexto*, *O Teatro Alemão*, *Teatro Moderno*, *O Mito e o Herói no Moderno Teatro Brasileiro*, sem contar numerosos esparsos), *O Teatro Épico* talvez possa considerar-se a mais orgânica, pela unidade, que a presidiu. A aparente dificuldade teórica, pela abrangência e pelas controvérsias do tema, está superada de maneira exemplar. O rigor e a simplicidade abrem o caminho para os leitores se assenhorearem de um universo fascinante, povoado de revelações.

(1985)

14. O Crítico Bernard Dort

Considerado por muitos o maior crítico teatral do mundo, Bernard Dort – diretor do Instituto de Estudos Teatrais da Universidade de Paris e autor de vários livros básicos da bibliografia especializada – afirma não ser verdadeiramente um crítico de teatro, na medida em que nunca exerceu a crítica de jornal, que aliás ele contesta muito.

Bernard a contesta por duas razões: a que se refere à estrutura dos jornais e a que se liga à estrutura da vida teatral. Na França, reduziu-se o número de jornais importantes e diminuiu neles o lugar da crítica. Enquanto os críticos se sentiram sempre mais obrigados a fazer comentários curtos, de humor, a vida teatral foi-se diversificando. E Bernard acha impossível examinar com a mesma pena um espetáculo de *boulevard* e *1789*, do Théâtre du Soleil. Hoje não há um só teatro, mas diversos teatros, e ninguém pode tratar do conjunto do fenômeno, que exigiria um crítico absolutamente universal.

A situação do crítico piorou. No fim do século XIX, ele fazia um rodapé semanal, no qual não mencionava todos os espetáculos, mas podia apresentar um discurso crítico mais geral e contínuo. Sarcey, por exemplo, caminhava no sentido do teatro estabelecido, enquanto Zola atuou durante três anos na direção de uma reforma. Hoje o crítico tornou-se noticiarista. A dificuldade é maior agora, se se considerar que o teatro é mais do que nunca internacional.

A maioria dos críticos parisienses comenta mais de duzentas estréias por temporada e portanto dificilmente viaja. Para Bernard, a crítica dos jornais franceses segue sempre mais a moda e não há críticos com uma certa coerência pessoal, com exceção do caso extremo de Jean-Jacques Gauthier, de *Le Figaro*, que não é senão o crítico de uma forma de teatro – o *boulevard*, que vai de André Roussin à Comédie Française, passando por Anouilh. O resto do teatro é totalmente estranho a Jean-Jacques Gauthier.

Bernard exerceu sua atividade crítica à margem da grande imprensa. De início, em revistas, como *Les Temps Modernes*, de 1950 a 1955, e em seguida em duas publicações especializadas: *Théatre Populaire*, de 1953 a 1964, e *Travail Théâtral*, de 1970 até 1994[1]. Além de crítico, ele era membro da comissão de redação das revistas. E exerceu, assim, uma atividade "militante", na defesa de certas tendências do teatro francês contemporâneo e ao fazer uma reflexão sobre as tendências paralelas do teatro estrangeiro.

Théâtre Populaire foi concebido como um organismo de combate ligado ao Teatro Nacional Popular de Jean Vilar (ligado intelectualmente, mas não financeiramente). Surgiram dissensões entre a revista e Jean Vilar, e se abriu outro ambiente em torno de Brecht e por ele. Passou-se a uma reflexão que se alimentava da reflexão brechtiana. Bernard acha que foi ganho o combate pela difusão da obra de Brecht e talvez até demais, porque há uma propensão a fazer de Brecht um clássico. Por outro lado, a exigência de uma reflexão brechtiana sobre o teatro está longe de ser preenchida. Pessoalmente, Bernard continua um crítico "brechtiano", julgando que o primeiro mandamento da reflexão brechtiana é o de reexaminar todas as certezas estéticas e políticas que se possa ter, mesmo no que concerne à obra de Brecht.

Bernard pensa que a esperança que se nutriu num teatro popular, subvencionado pelo Estado, se não morreu, ao menos deve ser objeto de novo exame. Porque o teatro popular tendeu a institucionalizar-se e a esclerosar-se, e não conquistou o público popular que desejava. Hoje nem se sabe se continua viva a política das Casas da Cultura. Não há agora uma política do governo francês em relação ao teatro. Ele encoraja certas empresas segundo critérios freqüentemente fortuitos. Mas, por outro lado, desenvolveu-se todo um outro setor da vida teatral, que recebe ajuda muito pequena do Estado: são as jovens companhias, o campo mais vivo do teatro francês. Entre elas, o Théâtre du Soleil (de Ariane Mnouchkine), a Cia. Vincent-Jourdeuil e o Grand Magic Circus (de Jérôme Savary), com grande variedade de propensões, que vão da retomada de uma linha de teatro popular às pesquisas estéticas influenciadas pela vanguarda norte-americana e por Grotóvski.

A revista *Travail Théâtral* pode parecer menos empenhada do que *Théâtre Populaire*, na medida em que não há hoje correntes dominantes no teatro, mas diversas inclinações que parecem às vezes contraditórias. Isso se vê, por exemplo, nos grandes espetáculos luxuosos e

1. Nascido em1929, Bernard Dort faleceu em1994.

inteligentes do TNP, que aliás diferem muito entre si, se dirigidos por Roger Planchon ou Patrice Chéreau (Planchon situa-se ainda na linha de um racionalismo brechtiano e Chéreau é tentado por um teatro de imagens barrocas). Bernard encara a sua tarefa como de segundo grau, isto é, como uma reflexão sobre as formas e tendências do teatro atual, mantendo uma opção pessoal básica: "Não penso que o teatro possa mudar o mundo, mas permite refletir e também distrair-nos sobre as maneiras que o mundo tem de mudar".

Embora desconfie da noção de ciência do teatro, Bernard julga que é necessário substituir os critérios gustativos da crítica habitual por critérios fundados no saber que está para ser desenvolvido no plano histórico, estético, semiológico etc. Bernard lamenta que na França subsista, por exemplo, a prática do contrato de críticos sem formação teatral mas com formação jornalística e que chegam à crítica por outros caminhos. Bertrand Poirot-Delpech, em *Le Monde*, foi antes comentarista de problemas de ensino, depois fez a crônica judiciária e agora é crítico literário. Uma bela carreira de jornalista, sem dúvida, mas não desejável para um crítico dramático. Substituiu Poirot-Delpech, em *Le Monde*, Michel Cournot, jornalista que também não era especialista em teatro. A crítica dramática regride em direção ao humor e caminha menos no sentido da reflexão.

Outra das razões da decadência da crítica dramática nos jornais franceses é que o crítico não é mais do que um jornalista, entre outros. Bernard não reivindica a existência de críticos-professores ("isso é sempre muito perigoso"), mas pede que o crítico assuma a sério o seu papel de espectador.

Há uma ação imediata da crítica inegavelmente importante: quando o crítico de *Le Monde*, por exemplo, fala bem de um espetáculo, verifica-se de imediato um aumento na venda dos ingressos. Isso aconteceu recentemente com *Le Cochon Noir*, de Roger Planchon. Mas Bernard crê que a crítica deva colocar-se sobretudo ao nível da influência sobre a criação teatral. E, desse ponto de vista, ele teme que toda uma parte da crítica francesa tenha apenas consagrado empreendimentos que se impuseram por si mesmos ou por meio dos ensaios críticos especializados.

Se a crítica se define como reflexão pode verdadeiramente entrar num diálogo com os criadores teatrais. Mas Bernard admite que o problema não seja somente dos críticos: verifica-se também um fechamento dos homens de teatro sobre si mesmos, um isolamento da criação teatral. Mesmo homens de teatro jovens que tiveram formação universitária, como Patrice Chéreau, prestam-se mal ao diálogo, têm pendor para o monólogo e concebem seu espetáculo como um mundo fechado. Já a situação na Alemanha é diferente, talvez porque ali existia há quase um século ligações maiores entre os críticos e os homens de teatro. Passa-se de um domínio a outro através do *dramaturg* (não confundir com o autor de peças), que é um colaborador do encenador e muitas vezes atuou como crítico e voltará depois a atuar.

Bernard Dort veio a São Paulo no seu desejo de conhecer o teatro em todo o mundo (ele comentou com inteligência os espetáculos brasileiros levados ao Festival de Nancy), a convite da Escola de Comunicações e Artes da Universidade de São Paulo, para dar um curso de Pós-Graduação sobre "As grandes formas cênicas de hoje", e como hóspede da Secretaria da Cultura, Esportes e Turismo do Estado. E realizará, a seguir, um curso sobre Brecht, sua grande especialidade, na Universidade de Montreal, no Canadá.

15. Drama e Liberdade

Certos estudos, observadas pequenas diferenças, poderiam ser atribuídos a diversos críticos. *O Drama Romântico Brasileiro* (editado em 1996, pela editora Perspectiva) foge a essa característica: apenas Décio de Almeida Prado teria condições de escrevê-lo. O domínio completo do tema e o belo estilo literário, distante do jargão ensaístico habitual, não esgotam as virtudes imprescindíveis para o êxito do livro. Requerem-se do autor outras exigências, ao alcance de poucos.

Um volume de duzentas páginas, dessa natureza, e considerando que o capítulo sobre Gonçalves de Magalhães, ao preencher quarenta delas, reproduz capítulo idêntico de *Teatro de Anchieta a Alencar*, lançado há três anos pela mesma Perspectiva, reclama não somente grande poder de síntese, mas também uma vida inteira de meditação sobre a dramaturgia e o palco, e sobretudo ampla cultura, sedimentada em longos anos de magistério.

Décio não se limita a analisar exaustivamente a estrutura de um texto. Inscreve-o no momento histórico, investiga-lhe as fontes literárias, perscruta-lhe as implicações filosóficas e sociais, relaciona-o com outras obras e avalia sua eficácia cênica. São 22 as peças examinadas e, se o romantismo teve, evidentemente, uma produção numérica muito superior, todas as suas facetas, no drama, acham-se contempladas, e surge, com nitidez, a essência do movimento.

Era forçoso que o livro se abrisse com a análise de Gonçalves de Magalhães, embora haja quem conceda a primazia da introdução do drama romântico, entre nós, a Burgain. Pela importância do autor de

Antônio José ou O Poeta e a Inquisição, pela repercussão da estréia – e o próprio dramaturgo lembrou "que esta é, se me não engano, a primeira Tragédia escrita por um Brasileiro, e única de assunto nacional" –, a história consagrou a precedência teatral de Magalhães, bem como seu *Suspiros Poéticos e Saudades* inaugurou nossa poesia romântica. Ao intitular o capítulo "Entre Tragédia e Drama", sabendo-se que tragédia é típica do classicismo, ao passo que drama se associou ao romantismo, segundo a exemplar conceituação de Victor Hugo no prefácio de *Cromwell*, Décio concluiu, com acerto, "que fica, no balanço derradeiro", "o seu [de Gonçalves de Magalhães] papel de precursor, seja do romantismo, do qual foi meio sem o querer a ponta-de-lança no Brasil, seja, e aqui sem contestação possível, do próprio teatro nacional", acompanhando em parte juízo de José Veríssimo, para quem o teatro brasileiro foi "produto do Romantismo".

Sem entregar-se a didatismo esquemático, Décio distingue muito bem as várias vertentes da escola romântica, situando Martins Pena e Burgain entre drama e melodrama. Gonçalves Dias encarna o drama do amor. Álvares de Azevedo compõe, com *Macário*, um drama fantástico. E Agrário de Menezes, José de Alencar, Paulo Eiró e Castro Alves exemplificam o drama histórico nacional. Em *Teatro de Anchieta a Alencar*, privilegiara-se, de Gonçalves Dias, *Leonor de Mendonça*, e, de Alencar, *O Demônio Familiar*, enquanto do primeiro, em *O Drama Romântico Brasileiro*, as quatro peças por ele deixadas (*Beatriz Cenci, Patkull* e *Boabdil*, além de *Leonor de Mendonça*), e do segundo, *O Jesuíta*, que encerrou sua carreira.

O processo de elaboração crítica de Décio não escamoteia nenhum dado. Antes, ilumina com informação precisa tudo que possa esclarecer seu objeto. Mesmo tratando especificamente de dramaturgia, ele oferece um retrato da vida teatral brasileira da década de 1830 à de 60. O leitor se move entre as diversas tendências como se estivesse a testemunhar o próprio cotidiano. Encontrando-se na Europa, e principalmente na França, os modelos que os nossos românticos aproveitaram, Décio os identifica e esquadrinha, quando é o caso, com cuidado semelhante ao que lhes dispensa.

Assim é que, a propósito de Gonçalves de Magalhães, surgem as relações intertextuais com Casimir Delavigne, adepto do ecletismo, já formado no classicismo quando irrompe a revolução romântica. E, junto com o brasileiro, o espanhol Martinez de la Rosa e o português Almeida Garrett, que introduziram o drama romântico em seus respectivos países. A trama de *Olgiato*, o segundo texto teatral de Magalhães, gira em torno de um tiranicídio, cuja inspiração intelectual, a par do episódio histórico, contém, segundo Décio, "coincidência ou não, as três formas de afronta que Alfieri enumerou no seu *Tratado da Tirania*. Catão e Bruto, descritos em Plutarco, além dos exemplos de Schiller e Alfieri, estão na base da defesa da liberdade exaltada na tragédia. Montano, em *Olgiato*, vive a filosofia provinda do idealismo platônico e do estoicismo romano. E o crítico cita finalmente Monte Alverne "como possível fonte de inspiração de Montano", recorrendo até ao étimo comum aos dois nomes.

O capítulo relativo a Martins Pena e a Burgain encerra, entre outras virtudes, a de estabelecer com nitidez as fronteiras entre melodrama e drama histórico romântico. Afirma Décio: "Quanto à natureza humana e à organização da sociedade, o melodrama era otimista, o drama, pessimista. O melodrama acreditava na Divina Providência, o drama mostrava-se fatalista ou cético. O melodrama acabava bem, como a comédia; o drama acabava mal, como a tragédia". Daí Guilbert de Pixerécourt, criador do melodrama, no início do século XIX, ter recusado a paternidade do gênero romântico, surgido menos de três décadas depois.

Décio acredita que Gonçalves Dias,

talvez por ter estudado em Portugal, onde era muito maior o fluxo de informações artísticas, situava-se bem mais próximo das matrizes cultas da moderna sensibilidade artística, tal como ela se formava nos primeiros decênios do século XIX. Até na escolha dos seus protagonistas ele pouco tem de periférico.

Fundamentando esse raciocínio, o crítico invoca Shelley e Stendhal, que se ocuparam do tema de *Beatriz Cenci*, e *Florian*, Chateaubriand e Washington Irving, que estiveram às voltas com a personagem de Boabdil. E julga, com acerto, que os textos teatrais do poeta, "escapando à tragédia, pelo formato e pelo uso da prosa, e ao melodrama, por unir no desfecho amor e morte, são os primeiros, no Brasil, que se podem classificar seguramente como dramas românticos".

Ninguém ignora que *Leonor de Mendonça* é o melhor drama brasileiro do século XIX e um dos mais perfeitos da nossa história teatral. Décio, entretanto, depois de anotar que ele "respira todo tempo o ar do romantismo", empresta-lhe significado justamente mais amplo:

A simplicidade de suas linhas, desembaraçadas de ornamentos, parece remeter ao mais puro classicismo, enquanto que a sua rara capacidade de penetração psicológica e a sua tão clara percepção social fazem-nos recordar de preferência o realismo – não o realismo teatral brasileiro, carregado de moralismo, mas aquele realismo que iria triunfar em 1857, com a publicação de *Madame Bovary* de Flaubert.

Indica o ensaísta, além de toda a modernidade contida no prólogo e expressa no texto de Gonçalves Dias, "tendências sadomasoquistas" que lhe conferem "espessura e carnalidade", para concluir: "*Leonor de Mendonça* é uma peça do seu e do nosso tempo, num desses milagres de extemporaneidade de que é capaz a arte".

O livro inclui desde logo Álvares de Azevedo no domínio da literatura fantástica, avessa ao classicismo, e considera *Macário*, sua única peça, "a mais puramente romântica entre todas do teatro brasileiro". Se o prólogo se intitula "Puff", remetendo a Shakespeare, e cita Sir John Falstaff, numa réplica não pronunciada por ele em nenhuma das três obras que o acolhem, Décio não tem dúvida em reconhecer que fala, por sua boca, o poeta brasileiro. E no diálogo que mais tarde travam Macário e Penseroso (nome vindo de Milton), tão pouco teatral mas curiosamente teórico, Décio vê uma controvérsia "de natureza literária", que "caberia perfeitamente num ensaio sobre as duas faces do romantismo, a otimista e a pessimista, a nacionalista e a universalizante, a cristã e a demoníaca".

As quatro peças agrupadas por Décio como representativas do drama histórico buscam "dizer alguma coisa sobre o Brasil, enquanto nação ou enquanto nacionalidade nascente, tendo como pano de fundo, distante ou próximo, o fato da Independência". Escritas entre 1856 e 1868, como lembra o crítico, alistam-se com atraso nas fileiras do "romantismo social, desabrochado depois de 1830".

Com respeito a *Calabar*, que eleva ao primeiro plano a luta em que portugueses, negros e indígenas se aliaram para expulsar do nordeste os holandeses, no século XVII, Décio observa que, "como feitura dramática, possui boas qualidades medianas, o que no Brasil já significava muito". Se o autor, Agrário de Menezes, "não era nenhum gênio, como talvez o fossem alguns dos seus contemporâneos", suas qualidades de homem de teatro eram de quem "sabia armar uma trama que se desenvolve e se desloca no tempo e no espaço durante toda a representação, conforme o modelo do drama histórico".

Décio vincula *O Jesuíta* aos dramas de Victor Hugo e sublinha que, escrita em 1861, quando o próprio Alencar já havia apresentado vários "dramas de casaca", típicos da nova escola realista, a peça estreou somente em 1875, "com quase quinze anos de atraso, fora do prazo de sua validade estética". Não obstante esse juízo severo, o crítico não deixou de reconhecer-lhe qualidades, que a meu ver mereceriam maior realce. Por outro lado, está assinalado, com justeza, ser estranhável "e muito em se referindo ao Brasil", "a ausência do negro entre os deserdados da Europa que a América acolheria", no projeto do protagonista de construir aqui um grande império. E são ponderáveis as conjeturas levantadas acerca da omissão.

Louvável a inclusão de *Sangue Limpo*, de Paulo Eiró, no painel dos dramas históricos. Evocada a gênese da peça, por intermédio do prefácio de 1862, Décio exalta-lhe a perspectiva de considerar "o 7 de Setembro um ponto de partida, e não de chegada. Conquistada a Independência, a luta seria agora contra os preconceitos sociais". O modelo do dramaturgo paulista, segundo o crítico, "prima pela ousadia moral e modernidade", por procederem diretamente do povo as personagens. E o mulato Rafael Proença, que representa em cena o país, em face dos portugueses, antes de 1822, proclama que "o Brasil é uma terra de cativeiro", e o próprio branco orgulhoso "sofre de má cara e insolência das Cortes e o desdém dos europeus". O que permite a Décio asseverar: "A idéia de liberdade é, como vemos, indivisível: o todo não será de fato livre enquanto uma das partes permanecer cativa. A independência, para Paulo Eiró, trazia embutida em seu bojo a Abolição".

Longa, minuciosa e convincente é a análise de *Gonzaga ou A Revolução de Minas*. Precedem-na os episódios biográficos da ligação de Castro Alves com a atriz portuguesa Eugênia Câmara, intérprete do papel de Maria Quitéria, tanto na Bahia como em São Paulo. Comenta Décio os três fios de enredo da peça, "que às vezes se embaraçam, confundindo o leitor ou espectador". E termina por admirar a imaginação do poeta, que chega a beirar às vezes o surrealismo, como quando compara o oceano a um "enorme cão". É certo que o dramaturgo, que ainda não havia atingido vinte anos ao produzir *Gonzaga*, estava longe de alcançar a altitude do poeta.

Com síntese brilhante, que repassa a contribuição dos dramaturgos que atuaram entre 1838 e 1868, Décio ressalta que "o teatro foi um dos gêneros prediletos do romantismo brasileiro, somente ultrapassado, na prática literária, pela poesia". A predileção, entretanto, não significou popularidade para as peças escritas. Poucas eram encenadas, criando, para aqueles que não morreram jovens, um sentimento de frustração. O crítico registra, objetivamente: "De fato havia no Brasil dois romantismos dramáticos, que corriam paralelos: o dos atores, alimentado pela dramaturgia popular estrangeira, e o dos autores, que raramente chegava ao palco". Como denominador comum do drama romântico brasileiro, o livro aponta "a idéia de liberdade, modulada de diferentes maneiras".

Mérito apreciável de *O Drama Romântico Brasileiro* é a sua organicidade, em que todos os capítulos se articulam entre si e com a produção dramatúrgica internacional, com a qual a nossa manteve um diálogo permanente. Da obra importante de Décio de Almeida Prado, que se estende do estudo de Anchieta aos dias de hoje, constituindo o mais profundo mergulho na história do teatro brasileiro, só falta agora ele tornar pública a parte da comédia de costumes e a das primeiras décadas do século xx.

16. Homenagem a Paschoal Carlos Magno na ABL[1]

Ao menos para a geração que se iniciou no teatro nos anos quarenta e cinqüenta do século vinte, Paschoal Carlos Magno foi o grande líder, o animador cuja paixão pelo palco mobilizou o país inteiro.

Nascido no Rio de Janeiro em 1906, motivo de se comemorar o seu centenário, Paschoal fez de sua residência, na bela mansão do bairro de Santa Tereza, um centro irradiador de cultura, verdadeira Meca para todos que o procuravam e recebiam o seu estímulo ao ingressar na carreira cênica.

De forma quase inimaginável, ele soube conciliar a função diplomática, da qual pôde sobreviver, com o movimento permanente do Teatro do Estudante do Brasil, que fundou, e da simpática sala de cem lugares do Teatro Duse, erigido em sua residência, em 1952. Ali começaram a atuar numerosos jovens valores, espalhados depois por importantes elencos do Rio e de São Paulo. E numa temporada em palco do centro carioca, em 1948, notabilizou-se como Hamlet Sérgio Cardoso, um dos monstros sagrados de nossa arte.

Não se contentou Paschoal em incentivar as iniciativas estaduais, viajando por todo o Brasil. Em 1949, o Teatro do Estudante realizou um Festival Shakespeare, no Rio, em que foram encenadas *Romeu e Julieta, Macbeth* e *Sonho de uma Noite de Verão*. Sensível a outras manifestações artísticas, ele criou, com a cantora Alda Pereira Pinto, o Teatro Experimental de Ópera.

1. Depoimento lido na ABL, em 21/9/2006.

A coluna mantida por Paschoal, no *Correio da Manhã*, era o porta-voz do teatro, para o país inteiro. Sem qualquer tipo de discriminação, ele dava guarida a todas as notícias, sempre com o propósito de valorizar o palco. Talvez pelo desejo de promover tudo que representasse uma boa intenção, seus juízos, como é do conhecimento do pessoal de teatro, nem sempre foram objetivos. Mas é de longe preferível aquele que enaltece tudo àquele que se compraz em destruir. Não me lembro de nenhuma postura negativa de Paschoal.

A escolha do repertório sempre preocupou o diretor do Teatro do Estudante. Tanto assim que, ao fazer uma excursão ao Norte brasileiro, os autores representados se chamavam Sófocles, Eurípides, Shakespeare, Gil Vicente, Ibsen e Martins Pena.

Na sala de Santa Tereza, a tônica foi o prestígio à dramaturgia nacional. Sucederam-se no palco obras de Hermilo Borba Filho, Aristóteles Soares, Francisco Pereira da Silva, Leo Vítor, José Paulo Moreira da Fonseca, Maria Inês Barros de Almeida e dos nossos confrades Rachel de Queiroz e Antônio Callado. Em 1958, Paschoal organizou, no Recife, o 1º Festival Nacional de Teatros de Estudantes, a que assisti como crítico. Mais de oitocentos jovens participaram do certame, que chegou a atingir uma sexta edição.

A convite do presidente Juscelino Kubitschek, Paschoal tornou-se, em 1962, responsável pelo setor cultural e universitário da Presidência da República. Nessa função, ele percorreu todos os Estados, estimulando os novos talentos a ocupar os espaços em que pudessem realizar-se.

Com o faro certeiro para as promoções de impacto, ele organizou naquele ano a Caravana da Cultura, que levou 256 jovens artistas a percorrer os Estados do Rio de Janeiro, Minas Gerais, Bahia, Sergipe e Alagoas. A Caravana apresentou espetáculos de teatro, dança e música, além de exposições de artes plásticas, e distribuiu livros e discos. Na década de 1970, uma Barca de Cultura viajou pelo Rio São Francisco, de Pirapora a Juazeiro.

Infelizmente, não teve continuidade uma iniciativa importante de Paschoal: a Aldeia de Arcozelo, no interior do Estado do Rio de Janeiro, que seria um local de repouso para artistas e intelectuais, e um centro de treinamento para as várias áreas artísticas. Mesmo vendida a casa de Santa Tereza e gasto todo o seu dinheiro, além de alguns auxílios oficiais e privados, a verba não foi suficiente para o funcionamento da Aldeia. Mas a grandeza e a generosidade de Paschoal Carlos Magno, morto em 1980, autorizam esta justa homenagem da Academia Brasileira de Letras.

17. Lembrança de Sérgio Cardoso

Lola Brah telefonou-me: – Você se lembra de que no dia 18 (hoje) faz cinco anos que Sérgio Cardoso morreu? – Não, eu não me lembrava. Para mim, a morte de Sérgio Cardoso ainda está muito próxima (ou a presença dele, para ser mais preciso), impedindo que eu raciocine em termos de um lustro. A imagem de Sérgio ainda está muito viva – salve-se o lugar-comum.

Conheci-o em 1948, no Rio, quando ele começou a deslumbrar crítica e platéia com a interpretação de Hamlet, no Teatro do Estudante. Para aqueles que então se iniciavam como espectadores, o *Hamlet* de Sérgio representava a possibilidade de o teatro ter uma importância semelhante à da literatura. Quem não havia acompanhado a trajetória de Os Comediantes e ainda não encontrava o TBC à sua disposição, via esse *Hamlet*, encenado pela ousadia de Paschoal Carlos Magno, como a revelação das virtualidades plenas do palco. E Sérgio Cardoso, um príncipe da Dinamarca torturado, de voz poderosa e pungente, elétrico nos seus movimentos e nos seus saltos, era o grande oficiante, magnético e totalizador.

Ainda no Rio, em companhia de Sérgio Britto e Ruggero Jacobbi, Sérgio criou o Teatro dos Doze, para o qual talvez o público não estivesse preparado. Seus espetáculos continuaram a ser para mim a certeza de que o teatro se irmanava às vozes mais atualizadas das outras artes, com um repertório exigente e uma cenografia avançada.

Franco Zampari, que reuniu no elenco estável do TBC os trinta melhores intérpretes da nova geração, além de cinco encenadores, não poderia prescindir do nome de Sérgio Cardoso. E ele se transferiu para São Paulo, cumprindo na sala histórica da Rua Major Diogo um programa memorável, que incluiu *O Mentiroso*, de Goldoni, e o Pai de *Seis Personagens à Procura de um Autor*, de Pirandello.

Sabe-se que o TBC foi, na década de cinqüenta, o celeiro do qual saíram diversas companhias profissionais, que adotaram ao menos em parte as suas premissas: um elenco permanente, apresentando um repertório eclético, sob a direção de um encenador estrangeiro. Nesse esquema, surgiram a Cia. Tônia-Celi-Autran, o Teatro Cacilda Becker (com Ziembinski, Walmor Chagas e Cleyde Yáconis), o Teatro Popular de Arte (Cia. Maria Della Costa, dirigida por Gianni Ratto) e o Teatro dos Sete (com Fernanda Montenegro, Fernando Torres, Ítalo Rossi, Sérgio Britto e Gianni Ratto, entre outros). A Cia. Nydia Licia-Sérgio Cardoso originou-se de idêntica matriz, com a diferença de que procurava uma linha mais brasileira: o próprio Sérgio se incumbiria, em 1956, da montagem inaugural do Teatro Bela Vista (o antigo Espéria, que ele descobriu e reformou, na rua Conselheiro Ramalho) – uma nova versão de Hamlet.

Não era surpresa essa diretriz porque Sérgio, antes da abertura do Bela Vista, passou pela Cia. Dramática Nacional, interpretando *A Raposa e as Uvas*, de Guilherme Figueiredo, e no Teatro Leopoldo Fróes, *Lampião*, de Rachel de Queiroz. Antes que o Arena firmasse a sua política de prestígio ao autor brasileiro, Sérgio Cardoso a praticava, com a consciência de que era necessário forjar um teatro que exprimisse a nacionalidade.

Problemas pessoais e financeiros afastaram Sérgio da companhia que fundara com Nydia Licia e o conduziram à popularidade da televisão. Aí, eu o perdi de vista, recebendo apenas os ecos de seu sucesso como Antônio Maria, por exemplo. De vez em quando falávamos por telefone e ele sempre me transmitia o seu propósito de retornar ao teatro, o que a morte súbita, aos 47 anos, não permitiu.

Sérgio Cardoso foi uma dessas *bêtes de théâtre*, que de vez em quando iluminam o palco. Da linhagem dos monstros sagrados, cujo protótipo foi, entre nós, João Caetano, Sérgio marcava com a sua presença todos os papéis, mesmo quando era discutível a focalização deles. Alguns o julgavam mais indicado para as personagens clássicas ou características, não se ajustando bem à sua teatralidade uma certa contenção moderna. Hoje pode-se dizer que o temperamento transbordante de Sérgio não se aprisionava no pseudo-estilo britânico que tentaram impor, em certa fase, ao desempenho brasileiro. Sérgio tinha, no palco, o derramamento da paixão.

Sérgio Cardoso foi o ídolo masculino do processo de renovação do teatro brasileiro. Sua grandeza como intérprete e animador está na origem de muitas das mais expressivas realizações teatrais das últimas décadas.

(18/8/1977)

18. O Julgamento de Hamlet

Foi sem dúvida um dos pontos altos do I Festival Nacional de Teatros de Estudantes, realizado em agosto de 1958, no Recife, o julgamento de Hamlet, réu de vários crimes. Pela primeira vez no Brasil instalou-se um tribunal do júri semelhante, de que só se tem exemplo na Itália, com os processos de Lucrécia Borgia, Otelo e outras grandes personagens.

O estudo da tragédia shakespeariana cresceu tanto, do romantismo até nossos dias, que a exegese do príncipe da Dinamarca pode perder-se em conjeturas contraditórias, igualmente defensáveis. Louco ou simulador, neurótico ou farsante, abúlico ou presa da dúvida – todos esses qualificativos são insuficientes para sugerir a extrema complexidade de seu caráter, que se prefere apenas denominar humano, muito humano. Depois das análises psicológicas, sociais e filosóficas de Hamlet, haveria algo a acrescentar-lhe num debate jurídico?

Acreditamos que a tese sustentada pelo advogado Carlos de Araújo Lima, que funcionou como promotor público, traga novos e valiosos esclarecimentos para o exame da tragédia. Não se deixou ele influenciar pelas conclusões da escola positiva do Direito Penal, situando Hamlet como o protótipo do criminoso louco, para atribuir à ação da personagem a legitimidade da própria justiça se exercitando. É certo que a recusa do promotor de pedir a condenação de Hamlet tirou do julgamento o interesse da disputa, mas justificou-se ele com a assertiva segundo a qual, nesse caminho, só poderia embrenhar-se em sutilezas pouco convincentes.

O raciocínio básico de Carlos de Araújo Lima é o de que, antes de vingar-se da morte do pai e da usurpação do trono da Dinamarca pelo seu tio Cláudio, Hamlet realizou um verdadeiro inquérito policial. Com uma noção inata da justiça, identificou-se ele à autoridade que esclarece os fatos, a fim de somente punir após a existência de prova. Dessa forma, equipara-se a revelação do Fantasma à notícia-crime, servindo de ponto de partida para o inquérito policial. Hamlet finge loucura, a fim de aproximar-se de seu objetivo, e chega a fazer perícia, com a representação do auto de Gonzaga e Batista, semelhante à situação da própria tragédia. A consciência do rei assim se trairia, como de fato se traiu, caindo "o rato na ratoeira".

Os crimes sucessivos justificam-se pelas circunstâncias em que foram praticados. Primeiro, o de Polonius. Tomou-o por alguém mais alto – o próprio Rei. Em defensiva permanentemente, preocupado com uma traição que poderia sacrificá-lo a qualquer momento, Hamlet se enquadra, no caso da morte de Polonius, no instituto da legítima defesa subjetiva ou putativa, que merece absolvição. Não se trata de erro de pessoa mas de fato, supondo uma situação que, se existisse, tornaria a ação legítima. Citou Carlos de Araújo Lima, a propósito, o magistrado Oliveira e Silva, que absolveu Hamlet nos "Julgamentos fictícios": "Num castelo sombrio que respira a traição e terror, natural que tomasse agressão imprevista ao notar que um reposteiro estremece. Na penumbra medieval, a vitória pertence a quem dispuser de maior destreza".

Como ia pedir, no final, a absolvição de Hamlet, com base numa faculdade do Ministério Público, o promotor Carlos de Araújo Lima não se demorou na análise dos vários crimes. Essa tarefa mereceu especial atenção do advogado de defesa, Evandro Lins e Silva, que examinou com muita objetividade o assassínio de Polonius, de Rosencrantz e Guildestern, de Laertes e de Cláudio. A nosso ver, a colocação geral do problema, feita pela promotoria, e a justificação de cada crime, realizada pela defesa, se completam para formar uma peça única, de inegável interesse jurídico e literário. As premissas do trabalho de Evandro Lins e Silva, contudo, pareceram-nos discutíveis, invocando teorias da escola positiva já superadas. Enquanto a promotoria contestou a tese de Ferri, exposta no ensaio "Os Criminosos na Literatura e na Arte", por ter o autor fugido à objetividade da sociologia criminal com o desejo de provar um ponto de vista, a defesa acolheu irrestritamente a classificação de Hamlet como criminoso louco, desprezando o admirável paralelo entre a ação do herói e o inquérito policial. Achamos que a conclusão lógica do raciocínio da defesa, se Hamlet não morresse no fim da tragédia, seria pedir seu internamento num manicômio judiciário, o que nos parece absurdo e amesquinhador para a personagem. Embora o texto indique em muitas cenas a loucura de Hamlet, nem se pode hoje cogitar dessa hipótese, que reduziria a quase nada a dimensão da tragédia shakespeariana. Como não ver na "loucura" do herói a lucidez diabólica, de fato tão próxima da perda da razão mas que dá a marca dos homens superiores?

Se Evandro Lins foi infeliz na análise psicológica de Hamlet, sua defesa tornou-se sobremaneira curiosa na justificação dos crimes à luz do direito medieval. No caso do assassínio de Polonius, aduziu o advogado que, além de praticar legítima defesa subjetiva, Hamlet arrependeu-se de seu ato, tendo o próprio rei Cláudio pedido sua absolvição. Como as normas da época admitiam a vingança privada, Cláudio reconhecia a Hamlet, nessa passagem, o direito de vingança contra ele.

Quanto a Laertes, filho de Polonius, o rei estimula-o a suprimir o príncipe. Se hoje a morte por duelo é considerada homicídio comum, a antiga legislação tratava dessa luta cavalheiresca, estabelecendo normas que a legitimavam. Laertes caiu na própria armadilha, trocando a espada à qual se adicionou veneno. Confessou ele: "Mata-me, com justiça, a minha própria insídia".

Ao substituir a carta na qual o rei pedia sua morte, Hamlet concorreu para a supressão de Rosencrantz e Guildestern, justificando-se pelo estado de necessidade em que se encontrava. Instrumentos de Cláudio, os cortesãos tornaram-se perigosos para a sobrevivência do príncipe, e a solução para ele era colocá-los como vítimas, em seu lugar. Mas Shakespeare, que não se deu muito trabalho em diferenciá-los como individualidades, não se preocupou também em revelar-nos como acabaram. Nem se sabe se Rosencrantz e Guildestern morreram, o que, por si, modifica a feição jurídica do problema.

Finalmente o assassínio do rei Cláudio, causador de toda a tragédia. Acredita Evandro Lins que ele é que deveria estar no banco dos réus, por ter morto o irmão, usurpado o trono e casado com a cunhada, procurando também suprimir Hamlet, perigo permanente para ele. Em virtude do primitivismo do direito penal da época, em que predominavam os cárceres e fogueiras da inquisição, a vingança privada era a norma, já que não existiam os juízes especializados. Oliveira e Silva, citado pelo promotor, afirma: "O outro crime é o de quem assiste ao fim da própria mãe, vítima do veneno que o novo rei destinara ao filho. Em qualquer tempo a Lei o justificaria em nome de todas as regras jurídicas e morais. Eis porque Hamlet merece absolvição". O juiz togado absolve, sem citar um dispositivo particular no qual se enquadre o crime praticado pela personagem. A defesa, depois de lembrar que o motivo é tudo no crime, acrescenta que o príncipe não poderia ter outra conduta. Com base na teoria da não exigibilidade de outra conduta, pede a absolvição de Hamlet. A mensagem da peça se torna heróica e educativa, não se podendo, nos dias de hoje, condenar o herói.

As conclusões da promotoria e da defesa são idênticas, divergindo os caminhos, contudo, além da premissa, na maneira de situar no tempo o julgamento. Carlos de Araújo Lima desprezou a época em que se passa a tragédia, para tratá-la como fenômeno dos nossos dias. Não há dúvida de que, para um julgamento simulado, era essa a orientação mais acertada, possibilitando aos debates um realismo maior. Acha o jurista que Hamlet é tão humano que supera a lei, não se podendo aplicar a ele uma legislação variável no tempo e no espaço. Se essa tese encerra o perigo de admitir um a-historicismo perigoso, para aceitar as vagas noções de um direito natural inato à pessoa humana, é verdade que a tentativa de situação histórica do problema – base da defesa de Evandro Lins e Silva – levou o julgamento ao plano fictício, que se quis evitar com o tribunal do júri. O estudo minucioso dos crimes, com fundamento no direito medieval, enriqueceu, porém, o debate sobre a personalidade de Hamlet.

O corpo dos jurados não podia senão absolver o príncipe da Dinamarca, vivido por Sérgio Cardoso, e a sentença do presidente do tribunal, desembargador Evandro Netto, veio reconhecer a legitimidade jurídica de todos os atos do herói. Ficou para nós do júri a idéia do sentimento de justiça de Hamlet, que puniu o tio somente depois do inquérito elucidatório. As hesitações da personagem podem, assim, ser consideradas o penoso processo de obtenção de provas, o que dignifica mais seu procedimento. O grande mito da ficção shakespeariana aproxima-se mais de nós, pela legitimidade irrepreensível de toda a sua conduta.

(1958)

19. Nydia Licia[1]

Não vou negar que me surpreendi, quando Nydia Licia me enviou um livro com encadernação azul, tendo na capa o seu nome e na lombada o título *Ninguém se Livra de seus Fantasmas*. Esclareceu ela que fizera uma edição pequena, destinada apenas à leitura de poucos amigos. Mas o faro certeiro do editor Jacó Guinsburg para as obras de qualidade permitiu que ele transformasse em prazer de muitos, pelo selo da Perspectiva, o que poderia se circunscrever ao deleite de privilegiados.

Justificava-se a surpresa, porque Nydia era, para mim, até então, a atriz sensível de *Chá e Simpatia* e a mulher resoluta, que assumiu sozinha a responsabilidade pelo Teatro Bela Vista, construído por ela e por Sérgio Cardoso, na época seu marido, a partir do abandonado Cine-Teatro Espéria. Eu não poderia supor, embora ela se exprimisse mais tarde no repertório infanto-juvenil, que estava diante de uma memorialista com a vocação inquestionável de escritora.

Porque Nydia sabe, como um raro elenco de eleitos, cultivar os seus fantasmas. Desde que, na tenra infância, fixou na memória o mais frio inverno do século XX, na Trieste italiana em que nasceu. Não demorou muito para que, na estúpida perseguição aos judeus do fascismo de Mussolini, copiando as pegadas do nazista Hitler, ela e sua família se vissem coagidas a sair da Itália, até aportar finalmente, para felicidade

---

1. Texto publicado inicialmente em 2002, como prefácio para o livro de Nydia Licia, lançado pela Perspectiva.

nossa, no Brasil. A criminosa violência da fuga não impediu que Nydia, já adulta, revisse com dolorida ternura a terra natal.

O livro retrata com elogiável objetividade o cotidiano numa Trieste e numa Itália anterior à sanha fascista, quando as diferenças religiosas não significavam ainda uma suposta divergência racial e o convívio não importava em nenhum gênero de barreira. A vida pautava-se, antes, pelos valores espirituais, em que a arte e sobretudo a música tinham um papel de relevo. Nydia explica até como judeus puderam ser fascistas, já que "não havia diferença entre católicos e não-católicos; todos eram italianos e gozavam dos mesmos direitos". As contradições persistiram no tempo, contudo. Se, na Itália de Mussolini, os judeus não puderam mais freqüentar as escolas, houve uma ordem expressa do *Duce* "para que os colégios italianos no estrangeiro acolhessem os alunos judeus exilados". Nova e absurda contradição: "Em 1942, o Brasil declarou guerra ao Eixo e, de repente, nossa situação inverteu-se. Passamos a ser inimigos, não por sermos israelitas, mas sim por sermos italianos".

Nydia conta que entrou para o teatro, numa grande mudança em sua vida, pelas mãos de Caio Caiuby, um bom intérprete amador, que não quis se profissionalizar. Nesse ponto, ela narra com desenvoltura todo o movimento teatral em São Paulo, no fim dos anos de 1940. Com o Grupo de Teatro Experimental, dirigido por Alfredo Mesquita, interpretou *A Mulher do Próximo* e *Pif-Paf*, de Abílio Pereira de Almeida, que estiveram também no programa inicial do Teatro Brasileiro de Comédia, fundado pelo empresário Franco Zampari, em 1948 – o começo do moderno teatro profissional paulista.

O noivado com Sérgio Cardoso, descoberto pela extraordinária criação de *Hamlet* no Teatro do Estudante do Brasil, obra do diplomata e animador Paschoal Carlos Magno, deu-se no TBC, durante os ensaios de *Os Filhos de Eduardo,* comédia de Sauvajon. E a cerimônia civil do casamento ocorreu no próprio saguão da casa de espetáculos. A propósito, Nydia evoca a reação da colônia israelita: Sérgio foi adotado sem restrições por ter se casado com uma judia, enquanto ela não desfrutou da mesma benevolência, por ser católico o marido.

Um episódio que certamente é desconhecido para muita gente: Jean Louis Barrault, em 1950, na sua primeira visita ao Brasil, junto com Madeleine Renaud, impressionou-se com o talento de Sérgio ao representar a famosa "cena das medalhas" da tragédia de Shakespeare, convidando-o para estudar em Paris, ao lado de Nydia. O empresário Zampari, entretanto, não concedeu a licença pedida pelo casal, provocando uma dolorosa decepção.

Nydia é mais uma pessoa que exalta o diretor e intelectual italiano Ruggero Jacobbi, cuja trajetória no teatro brasileiro está a merecer uma ampla divulgação. *O Mentiroso*, de Goldoni, que ele encenou, muitos consideram a obra-prima do TBC. E, depois da polêmica de *A Ópera dos Três Vinténs*, de Brecht, retirada de cartaz ao fim de duas semanas, só lhe restou deixar a companhia, indo dirigir o curso de teatro da Universidade do Rio Grande do Sul, em Porto Alegre. Com a saída de Ruggero, o conjunto da rua Major Diogo contratou Ziembinski, e Nydia o considera um grande homem de teatro, "talvez o maior de todos".

Os episódios relativos ao antigo Espéria, depois denominado Bela Vista e finalmente Sérgio Cardoso, hoje desapropriado pelo governo estadual, são narrados sem mágoa ou nenhuma paixão aparente. É que não se mostrou pacífico todo o processo de posse do imóvel. Entretanto, como um testemunho a mais da ponderação da atriz, o livro evita um possível desejo de vingança e mudança malévola dos fatos.

Além dos problemas para a reforma total do prédio – e Nydia assinala em caixa alta: "Tudo isso sem termos um tostão furado!!!" – o Bela Vista seria reaberto com um espetáculo difícil e dispendiosíssimo: nada menos que *Hamlet*, a peça que revelara Sérgio, agora também sob sua direção. As dificuldades do empreendimento eram tamanhas que o intérprete-encenador-empresário cogitou abandoná-lo, em momento de desespero. E, melancolicamente, não obstante o aplauso da crítica, mais do que merecedor por consagrar um jovem de 31 anos, a temporada não funcionou, sob o prisma financeiro.

Desde as vicissitudes dos ensaios no TBC, Nydia esmera-se em rememorar o dia-a-dia dos elencos. E a ele acrescenta-se a experiência tanto no cinema como na televisão. Não esquece, ainda, a primeira ida do grupo paulista ao Rio de Janeiro, cheia de mal-entendidos. Os cariocas esperavam que o TBC se apresentasse com *Seis Personagens à Procura de um Autor*, que oferecia idênticas oportunidades a Sérgio Cardoso e a Cacilda Becker. Franco Zampari optou por *A Dama das Camélias*, centrada em Cacilda, a protagonista. Paschoal Carlos Magno, que assinava a coluna do *Correio da Manhã*, não poupou a montagem do italiano Luciano Salce. Este, orgulhoso, revidou na revista *Anhembi*. Veio a tréplica infeliz de Paschoal, respondida pelo pessoal de São Paulo. Paschoal rompeu com Sérgio e Cacilda, que, a seu ver, por terem pertencido ao Teatro do Estudante, não poderiam apoiar Salce.

Para o leitor, fica subentendido que o móvel da separação de Sérgio e Nydia se liga ao desempenho de *Henrique IV*, de Pirandello. A personagem não vê fronteiras entre a fantasia e a realidade, ficção que Sérgio assumiu totalmente. O relacionamento deteriorou-se, mas Nydia não se atribui um papel de vítima. Admite até, com humildade, ter sido uma "chata insuportável": faltou o "senso de humor"; que permitiria superar a crise.

Há um juízo crítico sutil nesta observação de Nydia:

> Sérgio, ator clássico por excelência, brilhava em papéis onde pudesse expandir seu temperamento dramático. Os personagens de paletó e gravata não eram para ele,

assim como os papéis altamente dramáticos e violentos não eram para mim. Os textos modernos, humanos, eram meu grande trunfo. Tornava-se, pois, cada vez mais difícil encontrar textos para contracenarmos.

A permanência no Teatro Bela Vista nunca foi pacífica para Nydia. Durante várias temporadas, ela lutou para acertar o seu repertório. E, em virtude de questões jurídicas, por pouco ela deveria abandonar a casa de espetáculos. Pessoalmente, admirei a fibra com a qual ela conseguiu superar todas as adversidades. Até que, em 1970, expirou, após três renovações, o contrato com os proprietários do imóvel.

Nydia atuou, a seguir, na TV Cultura. E despediu-se do teatro de forma altamente honrosa: levando, no Teatro Anchieta, *João Guimarães: Veredas,* texto que Renata Pallottini adaptou de *Grande Sertão: Veredas,* a obra-prima absoluta de Guimarães Rosa. Despediu-se, em verdade, do teatro adulto, porque a Companhia Nydia Licia prosseguiu, concentrando-se no teatro infantil.

Ninguém se Livra de seus Fantasmas alia, a suas incontáveis virtudes de leitura, um mérito imprescindível num livro dessa natureza: a extrema elegância com a qual toda a história é narrada, não fosse a elegância um atributo congênito na personalidade de Nydia Licia.

(2002)

20. Recordação de Cacilda Becker[1]

Tive oportunidade de conhecer Cacilda Becker apenas nos idos de 1951. Já naquela época ouviam-se, no Rio de Janeiro, maravilhas a respeito do trabalho desenvolvido pelo Teatro Brasileiro de Comédia de São Paulo, fundado em 1948, pelo benemérito empresário italiano Franco Zampari. Alguns críticos militantes em jornais cariocas receberam convite da casa de espetáculos para assistir à estréia de *Seis Personagens à Procura de um Autor*, e exultei com a possibilidade de finalmente saber que milagre ocorrera em nosso palco.

Publiquei, no *Diário Carioca*, dois comentários altamente elogiosos da encenação de Adolfo Celi. Até hoje, guardo a impressão do desempenho nervoso, elétrico, cheio de asco pela sordidez do mundo – elementos dominantes da figura da Enteada, como a encarnou Cacilda. Sérgio Cardoso era um Pai de raciocínio terrificante, na recusa de identificar-se à fraqueza de um momento. Não bastando o duelo dessa dupla afinadíssima, o TBC concedia-se o luxo de utilizar Paulo Autran na personagem do Diretor, além de outros intérpretes de nível em papéis menores. Parecia-me plenamente justificável a liberdade tomada por Celi em relação ao desfecho: o encenador assumia na plenitude o risco da criação, e ganhava a batalha.

---

1. Este capítulo é parte do texto "À Maneira de Prefácio e Depoimento", publicado no livro *Uma Atriz: Cacilda Becker*, de autoria de Nanci Fernandes e Maria Thereza Vargas, co-edição da Editora Perspectiva com a Secretaria de Estado da Cultura, São Paulo, 1984.

No Rio, o TBC tornava-se lendário. Henrique Pongetti, que então desfrutava de prestígio como cronista e comediógrafo que prometia realizar obra consistente, declarou-me que *Anjo de Pedra* (Summer and Smoke), de Tennessee Williams, na interpretação de Cacilda, era a seu ver o mais perfeito espetáculo brasileiro. Cada nova estréia do TBC, em que a atriz reinava como estrela absoluta, repercutia fantasticamente no mais tradicional meio carioca. São Paulo passou a ser, naqueles anos, a Meca teatral.

Chegou, por fim, a hora de o Rio de Janeiro receber a visita do TBC. Formou-se logo, na antiga Capital da República, o partido que desejava assistir à peça de Pirandello, em que Sérgio, no dizer de muitos, levaria a melhor em relação a Cacilda. Embora a atriz tivesse participado do Teatro do Estudante, Sérgio era seu filho dileto, por causa da estrondosa revelação no papel de Hamlet. Comentava-se, à boca pequena, que Cacilda exigira estrear no Municipal carioca em *A Dama das Camélias,* de Dumas Filho, onde não enfrentava a competição do colega ilustre.

Além de se considerar superado o texto francês, indigno de representar uma companhia que monta tantas obras importantes, a solidariedade a Sérgio Cardoso ameaçava converter em malogro o que o TBC esperava constituir sua entrada triunfal no Rio. Chegara aos meus ouvidos que se preparava uma vaia para Cacilda, no momento em que ela pisasse o palco. Jovem e impetuoso, admirando a renovação estética empreendida pelo elenco paulista (vindo da província, eu não estava no Rio ao tempo de Os Comediantes), mandei um recado aos supostos organizadores da manifestação de desagrado a Cacilda: se alguém ousasse vaiá-la, no dia seguinte eu contaria seus podres no jornal. Eu nutria a maior admiração por Sérgio, mas não aceitava um procedimento incorreto com Cacilda.

À distância, penso que o TBC errou, de fato, na escolha de seu cartão de visita ao Rio. Menos pela peça de Dumas Filho, merecedora, por muitos motivos, do título de clássica (talvez nenhuma outra tenha exercido tanta influência na dramaturgia brasileira do século XIX), do que pelas circunstâncias que cercaram sua produção. Os cem metros de tule francês, gastos pelo ótimo cenógrafo e figurinista Aldo Calvo num único vestido usado por Cacilda, soavam como inconcebível desperdício de novo-rico. O estilo delicado e intimista do diretor italiano Luciano Salce adequava-se mais à reduzida platéia do TBC do que ao imenso Municipal. Razão suficiente para tachar o espetáculo de frio, englobando a atriz na crítica negativa.

Salce não se deu por achado, respondendo ao comentário de Paschoal Carlos Magno, no *Correio da Manhã,* com inteligente defesa, estampada na revista *Anhembi.* O diplomata Paschoal, provavelmente surpreendido pela contestação, quando dominava absoluto o panorama jovem do Rio (e de todo o Brasil), teve a infelicidade de partir para o insulto pessoal a Salce. Entrei também na briga, movido pelo respeito ao grupo paulista, selando-se dessa forma minha adesão a ele, o que não me impediu de criticar duramente a montagem de *Convite ao Baile*, de Anouilh, ainda na imprensa carioca, e mais tarde sua política de repertório, quando já residia em São Paulo.

A seriedade com a qual o TBC encarava o teatro foi decisiva no rumo de muita gente, entre a qual me incluo. Depois de exercer a crítica no Rio, durante mais de dois anos, e de enviar comentários de Paris, onde estudava, na temporada de 1952/53, não me sentia motivado pelo panorama carioca. São Paulo foi recebendo, entre outros, Sérgio Cardoso, Maria Della Costa, Sandro Polloni, Tônia Carrero, Jardel Filho, Luís Linhares, Tereza Rachel, Nathalia Timberg, Fernanda Montenegro, Fernando Torres, Sérgio Britto. Quase se falava em êxodo dos valores jovens, que desejavam uma oportunidade no palco paulista. Ao receber convite de Alfredo Mesquita para lecionar na Escola de Arte Dramática, não titubeei: agradava-me a perspectiva de aprender seriamente, lecionando, e acompanhar de perto a trajetória do TBC, em que a paixão de Cacilda dava um sentido alto ao trabalho.

Em dezembro de 1955, no segundo número da revista Teatro Brasileiro, Décio de Almeida Prado escreveu:

> A história do teatro profissional em São Paulo é curta: tem oito anos de idade, precisamente a idade do Teatro Brasileiro de Comédia. Compreender o TBC, portanto, é de certo modo compreender o próprio teatro paulista: foi à sombra dele que crescemos e nos formamos todos, atores, críticos ou espectadores.

Tendo tido a sorte, na França, de testemunhar a afirmação do Teatro Nacional Popular, dirigido por Jean Vilar, e do chamado teatro de vanguarda, sobretudo de Ionesco e Beckett, eu pretendia, de regresso ao Brasil, colaborar na renovação cultural do nosso palco, de que o TBC era, então, o símbolo mais palpável. Passei a ter em Cacilda, assim, o modelo do profissional que se entrega de corpo e alma à sua tarefa.

Desde que me transferi para São Paulo, mantive contato permanente com Cacilda, quer pela função de noticiarista especializado de *O Estado de S. Paulo*, quer pela amizade que se foi consolidando, não obstante um rompimento temporário. Nunca me preocupei com o problema da amizade entre o crítico e o pessoal de teatro, por duas razões simples: a gente só se liga às criaturas nas quais acredita e a amizade não implica benevolência mas, ao contrário, franqueza. A honestidade crítica não magoa os verdadeiros artistas, porque se parte de um pressuposto de respeito e admiração. É natural que um ator ou dramaturgo torça o nariz, de imediato, a um comentário desfavorável, mas em pouco tempo prevalece, na restrição, a sua face construtiva. Posso dizer que estive ao lado de Cacilda em alguns momentos importantes de sua vida artística.

Achei justo que ela saísse do TBC, para formar o Teatro Cacilda Becker, ao lado de Walmor Chagas, Ziembinski, Cleyde Yáconis, Fredi Kleemann e Kleber Macedo. O rompimento com Adolfo Celi, que se casou com Tônia Carrero, desestabilizou seu poder na sala da Rua Major Diogo. Não era só problema de afetividade ou diminuição de influência: a mudança de característica do teatro, em razão do aumento do público, deixava de ser favorável à atriz. Quando as peças permaneciam em cartaz poucas semanas, em geral estava-se em cena e em ensaios. Se sucedia a um ator não participar, depois, da distribuição de um texto, cuja temporada se prolongava em demasia, a inatividade tornava-se nociva, embora se respeitasse rigorosamente o salário dos contratos anuais. Cacilda Becker ficou descontente por não atuar durante o ano e dois meses de êxito de *Casa de Chá do Luar de Agosto,* ainda que fosse a profissional mais bem remunerada do TBC.

O Teatro Cacilda Becker estreou no Rio, em 1958, com *O Santo e a Porca,* de Ariano Suassuna, em que a atriz desempenhava um pequeno papel. Ao vir para São Paulo, o conjunto sentiu a dificuldade de não ter sede própria. Abrigou-o de preferência, além do Teatro Natal, o Teatro Federação, pertencente à Federação Paulista de Futebol, que decidiu prestar homenagem à intérprete denominando-o Teatro Cacilda Becker, até que fosse desativado como casa de espetáculos. Por certo tempo, Cacilda e Walmor alimentaram o desejo de trabalhar sossegados num espaço, fazendo planejamento a longo prazo, sem o risco de, após uma excursão, não ter abrigo. Discutiu-se muito a respeito, chegando-se à conclusão de que o melhor seria tentar obter uma das salas da municipalidade de São Paulo, mediante cláusulas de interesse para ambas as partes.

Funcionava, então, na Rua General Jardim, junto à Biblioteca Infanto-Juvenil Monteiro Lobato, o Teatro Leopoldo Fróes, cheio de defeitos e com péssima conservação, como os demais construídos pela Prefeitura. O casal dispunha-se a reformar a sala e a oferecer uma série de serviços ao Município, em troca da ocupação do Leopoldo Fróes por quinze anos. Achei a pretensão justa, considerando o quanto São Paulo devia à arte de Cacilda. E, na qualidade de amigo, redigi a justificativa e o projeto de lei que, sem nenhuma alteração, foi enviado à Câmara Municipal pelo então Prefeito Adhemar de Barros. Creio, porém, que a magnitude do empreendimento financeiro levou Cacilda e Walmor a desistirem da continuidade do plano. Mais tarde, o Teatro Leopoldo Fróes foi demolido, não se cumprindo a promessa de edificar outro no mesmo terreno.

Em 1961, soube-se que o Teatro Brasileiro de Comédia fecharia as portas, porque o empresário Franco Zampari não tinha mais condições de pagar as dívidas. Cacilda telefonou-me tarde para casa, preocupada com a notícia. A afetividade, o reconhecimento pelo prestígio que o conjunto lhe dera, o receio de que a crise se estendesse a todo o teatro paulista recomendavam uma mobilização geral da categoria, a fim de sensibilizar o Governo do Estado. Pediu-me ela que fizesse uma proposta para salvação do TBC. Após conversas e a conclusão de que a crise atingia outros grupos, antecipando-se a empresa da Rua Major Diogo apenas na insolvência, resolvi escrever um Plano Extraordinário de Estímulo ao Teatro.

Esse plano propunha ao Governo do Estado a concessão de uma verba especial de trinta milhões de cruzeiros, ainda no exercício de 1961, quando o orçamento aprovado previa o gasto de apenas oito milhões, para múltiplas atividades. Assembléias das várias categorias teatrais referendaram os termos do memorial, que foi entregue ao Governador Carvalho Pinto por um grupo de artistas e pelo então Deputado Abreu Sodré, presidente da Assembléia Legislativa. Na audiência, realizada no Palácio dos Campos Elíseos, minhas palavras foram lidas por Cacilda.

O Governo não concedeu a totalidade da quantia, mas ainda assim a importância de vinte milhões, que representava 250% a mais que a dotação orçamentária. Qual não foi a surpresa da Comissão Estadual de Teatro, contudo, diante de uma emenda da Deputada Conceição da Costa Neves (a ex-atriz Regina Maura, estrela da Cia. Procópio Ferreira), distribuindo já os valores na própria Assembléia Legislativa! Estranhável ainda, diversos empresários, entre os quais Cacilda, apoiavam a emenda, que representava um golpe contra a CET. Décio de Almeida Prado e eu nos pusemos a campo, na Assembléia, para derrubar a emenda, contrária à técnica legislativa. Em virtude dos protestos, a parlamentar se entendeu pessoalmente com Décio, propondo-lhe um acordo: retiraria a emenda, se a CET, por ele presidida, desse ajuda mais substancial às grandes companhias. Cumprido o ajuste, que, aliás, correspondia ao intento original da Comissão, e reservada de cada auxílio a quantia de 10% para os atores, segundo reivindicou Augusto Boal, não suscitou outros problemas a aprovação do primitivo projeto do Executivo.

Era natural que as divergências então registradas provocassem seqüelas. Meu ardor polêmico, mais tarde abrandado, me insuflou a denúncia do episódio, no artigo "História de um Golpe", que o Suplemento Literário de *O Estado de S. Paulo* publicou em 21 de outubro de 1961. Houve réplica e tréplica, ficando eu sem falar, durante alguns anos, com Cacilda e Walmor.

Acompanhava, naturalmente, seus espetáculos, e, além de apoiar a audácia de *A Visita da Velha Senhora,* me emocionei com o desempenho de Cacilda em *A Noite do Iguana.* Em 1965, o diretor Maurice Vaneau, ao produzir *Quem Tem Medo de Virgínia Woolf?*, me convidou para fazer uma palestra sobre a peça e o autor Edward Albee, no Teatro Cacilda Becker. Hesitei em aceitar o convite, por causa da briga com o casal. Prevaleceu o sentimento de que o teatro está acima das questões pessoais. Talvez pela certeza de que eu, durante aquele tempo, não mudei em nada meu relacionamento jornalístico (e quem sabe por julgarem que, no fundo, eu tinha razão no caso da emenda ao projeto de lei), Cacilda e Walmor vieram receber-me, na entrada do TBC, com a maior cordialidade. Nunca se tocou no assunto espinhoso (para que remexer situações desagradáveis?) e, a partir daí, consolidou-se uma amizade que foi até a morte de Cacilda e continuou com Walmor, em quem, a par do talento, identifico inteligência e brilho raros em qualquer artista.

Poucos meses depois da estréia memorável de *Quem Tem Medo de Virgínia Woolf?*, o casal inaugurou um "teatrinho", no andar superior de seu apartamento de cobertura na Avenida Paulista. Cacilda declarou que a idéia nascera de uma conversa com Jorge Andrade, e o objetivo da sala era submeter a diretores e a críticos, em leituras dramatizadas, textos inéditos de autores brasileiros. As leituras, a cargo de bons profissionais, permitiriam ajuizar a viabilidade de uma encenação comercial.

A iniciativa não poderia ser bem recebida por todos. De fato, caberia ver nela intuito paternalista, como se o dramaturgo nacional, diferentemente do estrangeiro, necessitasse de um teste para avaliação prévia de suas qualidades cênicas. Nossos empresários nunca se assustaram com o grande número de atores exigidos por um texto alienígena. Entretanto, a montagem da peça brasileira sempre foi presidida por estrita economia, recomendando-se a redução de personagens. Viu-se no "teatrinho" doméstico até a procura de apaziguamento da própria consciência, já que o repertório traduzido prevalecia no TBC.

A relação entre Cacilda e a dramaturgia brasileira nunca foi pacífica. Lembro-me de ela dizer-me que nossos autores deveriam assistir aos espetáculos do Teatro Brasileiro de Comédia, para fazerem seu aprendizado técnico. A literatura dramática nacional, a seu ver, não atingira o nível da encenação e do desempenho, pautados pela recente escola européia. Cacilda se solidarizava, porém, com os "meninos" do Teatro de Arena, que impuseram o autor brasileiro, a partir de fins da década de cinqüenta. As características menos rigidamente profissionais do elenco facilitavam essa coragem, enquanto as outras empresas, no seu dizer, precisavam ser mais cautelosas.

Em entrevista concedida a Pascoal Longo, em 1957 (o recorte do arquivo não menciona o veículo), Cacilda fazia um juízo severo da dramaturgia brasileira: "Nós não temos grande autores – temos apenas bons autores. Nelson Rodrigues? Poderia ter sido o nosso grande autor, mas não foi". Recorde-se que essa declaração é anterior à estréia de *Eles Não Usam Black-tie,* de Gianfrancesco Guarnieri, que ocorreu no Arena, em fevereiro de 1958. E se deve ressaltar que, ao lançar o Teatro Cacilda Becker, em 5 de março de 1958, no Teatro Dulcina do Rio, poucos dias depois da estréia de *Black-tie* em São Paulo, a atriz escolheu *O Santo e a Porca,* peça brasileira de Ariano Suassuna, que se tornara famoso, na temporada anterior, com o *Auto da Compadecida*. O papel de Margarida, vivido por Cacilda, longe está da importância de Caroba, confiado a sua irmã Cleyde Yáconis.

Vejo o "teatrinho" de Cacilda e Walmor não sob o prisma criticável. Ao contrário, colaborei ativamente em seu programa, ora apresentando textos, ora participando dos debates que se seguiam às leituras, por acreditar na imensa utilidade do empreendimento. Para mim, era uma espécie de continuação do Seminário de Dramaturgia do Arena, em outras bases. Pena que, à semelhança de tantas idéias sérias entre nós, as leituras não tiveram longa vida.

Talvez como conseqüência do programa de leituras, Cacilda pediu que Décio de Almeida Prado e eu participássemos de uma reunião, em 17 de julho de 1966, para opinar sobre um plano que ela e Walmor pretendiam desenvolver, durante um ano: a montagem de seis peças brasileiras. O Teatro Cacilda Becker seria alugado ao Centro de Estudos Teatrais, dirigido por eles, Maria Thereza Vargas e Carlos Vergueiro, e essa entidade empresaria os espetáculos, contratando oito atores estáveis, durante doze meses. Orçavam-se os gastos, na época, em 240 milhões de cruzeiros antigos, e a atriz desejava o patrocínio do jornal *O Estado de S. Paulo*.

Acreditava Cacilda que, sob a proteção da empresa jornalística, seria mais fácil obter o dinheiro da indústria e do comércio. A verba daria tranqüilidade para o trabalho, durante uma temporada inteira, sem preocupação com bilheteria. Apoiavam a iniciativa diversos autores, que também compareceram à reunião: Bráulio Pedroso, Renata Pallottini, Lauro César Muniz e Walter George Durst. Jorge Andrade aplaudia a idéia, bem como A. C. Carvalho. Outros nomes seriam convocados.

Não tenho apontamentos sobre a continuidade do plano. Nem sei a razão de seu abandono. Provavelmente a dificuldade de levantar, na empresa privada, o capital previsto para o empreendimento. A vida teatral, também, é cheia de belas idéias, atropeladas pelas exigências do dia-a-dia. O único resquício do projeto me parece ter sido a estréia, quase um ano após a reunião, de *Isso Devia Ser Proibido,* texto de Bráulio Pedroso e Walmor Chagas. A separação do casal, o desejo de não enfrentar de novo, sozinha, os ônus do palco, foram fatores determinantes da mudança de rumos da atriz.

Cacilda não era apenas a primeira dama do palco brasileiro: tinha plena consciência da liderança que exercia no teatro. Durante a crise do TBC, em 1961, presidia ela a União Paulista da Classe Teatral, entidade de existência efêmera, que almejava tratar dos interesses comuns dos trabalhadores do palco, acima de problemas entre patrões e empregados. Essa realidade, eventualmente estranhável para os que encaram a tradicional luta de classes, tem explicação simples no cotidiano dos elencos. Por não ser atividade rentável nos termos normais do comércio, o teatro não costuma atrair o empresariado. Antes que muitos decidissem partir para as organizações cooperativadas, ascendia ao papel de empresário, freqüentemente, o primeiro ator ou a primeira atriz. Mesmo que esse produtor reservasse para si a parte maior do lucro provável, na origem era um intérprete como qualquer outro, em busca de afirmação junto ao público. Julgava-se importante promover o teatro como um todo, antes de mais nada.

Daí a ficção da UPCT que, apesar de seus fundamentos, não logrou vida longa. A Comissão Estadual de Teatro, na época presidida por Nagib Elchmer, num instante de infantilidade, cujas causas não vem ao caso examinar, decidiu propor ao Governo do Estado a extinção das companhias profissionais. Esqueceu-se ela da premissa da inconstitucionalidade do projeto, além de numerosas outras tolices, nos mais variados gêneros. Cacilda, na qualidade de presidente da UPCT, não endossou a proposta da CET, escrevendo uma carta a respeito, que *O Estado de S. Paulo* publicou em 18 de março de 1961.

Depois do golpe de 1º de abril de 1964, o teatro foi sendo estrangulado, num cerco que se fechava a cada momento. A princípio, a repressão não foi tão violenta, certamente porque havia outros setores prioritários a atingir, e quem sabe porque o Presidente Castello Branco gostava de acompanhar os espetáculos. Fora algumas perseguições absurdas, quando se procurava encontrar um bode expiatório, que apaziguaria a sanha policial, o período até 1968 conheceu uma relativa liberdade, conquistada por montagens desafiadoras, como *Opinião; Liberdade, Liberdade; Arena Conta Zumbi; Arena Conta Tiradentes*; e *O Rei da Vela*. Já *Roda Viva* sofreu a perseguição de grupos paralelos, que não se vexaram de seviciar atrizes em São Paulo e Porto Alegre.

A assinatura do atestado de óbito do teatro, como de resto do País inteiro, foi tentada pela edição do Ato Institucional nº 5, de 13 de dezembro de 1968. Já no dia 14 as encenações mais audaciosas precisaram ser abandonadas, embora, num milagre bem brasileiro, o Oficina tivesse lançado *Galileu Galilei* exatamente na véspera. Seja como for, todos aqueles anos se distinguiram pela apreensão, pelo medo, pela incerteza do dia seguinte. Nesse clima, o teatro necessitava de um interlocutor com o Governo, e Cacilda surgiu como a líder natural.

Numa categoria de pouca representatividade, Cacilda desfrutava de enorme prestígio junto a qualquer governante. Não houve dirigente de Estado que não lhe rendesse homenagem. O Presidente Juscelino Kubitscheck liberou para a sua companhia uma verba especial, pelo respeito que a cercava. Sob a proteção de Cacilda, o teatro sentia-se amparado: ninguém se atreveria a persegui-lo, na forma infamante que se transformara em rotina. Quem, naqueles dias sombrios, gostaria de dirigir a Comissão Estadual de Teatro?

Décio de Almeida Prado indicou o nome de Cacilda para a presidência da CET, cargo que ela exerceria a partir de 6 de março de 1968, como verdadeiro anjo da guarda do teatro. Em nenhum momento a função pública a afastou do compromisso primeiro com a sua gente. Cacilda participava de todos os atos contra os arbítrios da Censura. Dava assistência pessoal a profissionais que passavam por apuros. Às vezes, esqueciam-se de que ela era uma senhora. Contou-me Cacilda que, numa madrugada fria, a tiraram da cama, deixando-a mais de uma hora em pé, sozinha, na calçada, para socorrer alguém que, afinal, não apareceu. Tudo ficou à conta da loucura que se assenhoreou do Brasil.

A Comissão Estadual de Teatro teve diversas boas administrações. Em tão pouco tempo de duração, em virtude de sua carreira de atriz, Cacilda foi quem, a meu ver, realizou a melhor. E por um motivo simples: de um exercício para outro, impondo sua autoridade, ela conseguiu quadruplicar a dotação do órgão. O conhecimento profundo das necessidades do palco ajudou a aplicar bem a verba, possível de ser malbaratada, por administrador incompetente ou inescrupuloso.

Alimentei dúvidas sobre o êxito de Cacilda na CET. Quem dirigia sua companhia, em verdade, não era ela, mas Walmor Chagas. Quando o casal se separou, certa vez ela produziu *César e Cleópatra*, de Bernard Shaw, em 1963, e o resultado financeiro foi desastroso. Ademais, como poderia uma atriz, que tinha legítimos interesses pessoais nas verbas da CET, presidi-la com isenção?

Cacilda assumiu um primeiro compromisso, de superior dignidade: enquanto estivesse na Comissão, suspenderia sua carreira no palco. Viveria dos ganhos na televisão, perfeitamente compatíveis com aquele cargo público. Eram membros do órgão, então subordinado ao Conselho Estadual de Cultura, da Secretaria de Estado dos Negócios da Cultura, Esportes e Turismo, representantes de várias categorias teatrais: Décio de Almeida Prado, Hamilton Saraiva, Simão Jardanowski, Joseph Kantor, Carlos Pinto, Jairo Arco e Flexa e Osmar Rodrigues Cruz. Aceitei figurar num conselho incumbido de examinar textos e produções, ao lado dos saudosos Alberto D'Aversa e Anatol Rosenfeld.

Antes de completar um mês na presidência da CET, Cacilda anunciou que daria prioridade ao autor brasileiro. Da dotação global de novecentos mil cruzeiros (novos, bem entendido), seiscentos mil seriam reservados para o teatro profissional e trezentos mil para as outras categorias. A verba destinada às empresas se dividiria em quatro parcelas: a primeira, para as montagens maiores, do ponto de vista orçamentário e artístico; a segunda, para as montagens com orçamento menor, incluindo aí as companhias recém-criadas; a terceira, para as produções já estreadas, por meio da contraprestação de serviços (que se tornaria, mais tarde, a norma para os auxílios, em lugar do subsídio, vendendo-se ingressos a preços populares); e a última, para uma empresa que viajasse oficialmente pelo Interior, e talvez a um grupo didático, interessado em levar espetáculos às escolas, para um público de quinze a dezoito anos de idade.

A gestão de Cacilda não foi isenta de críticas, argüindo-se contra ela levianas suspeitas de favorecimento, baseadas em amizades. No serviço público, essas situações são muitas vezes incontornáveis, sobretudo se o suposto favorecido não goza da simpatia de um colunista. Os ataques a Cacilda me pareceram inconsistentes, porque era impossível não confiar em sua absoluta honorabilidade.

Os planos pessoais da atriz tiveram de ser alterados, no ano de 1968, por não lhe ser possível continuar na televisão. Agravava-se a hidrofobia censória, adquirindo requintes de puro nazismo. No caso de Cacilda, não foi um ou outro programa que recebeu o veto oficial. A ditadura proibiu o seu trabalho na tevê, provavelmente para puni-la da liderança exercida no teatro. A princípio, pensei que fosse fantasioso o episódio. Logo me rendi à evidência. Publiquei no *Estado* de 24 de setembro uma declaração do Sr. João Jorge Saad, diretor da TV Bandeirantes, confirmando plenamente a censura ao Teatro Cacilda Becker. Afirmava ele ser "obrigado a retirar da imagem do Canal 13 o seu espetáculo, que era o nosso orgulho".

Os colegas de Cacilda, na CET, reagiram com a maior dignidade. *O Estado* do dia 4 de outubro divulgou o protesto contra a injustiça que atingiu sua presidente. Era natural, entretanto, que o repúdio a tamanha afronta, naqueles dias, não tivesse nenhuma conseqüência. Privada da possibilidade de tirar o seu sustento da televisão, Cacilda só poderia retornar ao palco. Em 13 de novembro, ela dirigiu uma carta aos membros da Comissão, na qual afirmava que:

> A partir desta data, entra em vigor o meu pedido de licença do cargo de Presidente da CET, que se prolongará até 15 de janeiro de 1969. É meu intuito afastar-me do cargo, incompatível com minhas atividades de atriz-empresária, por isso mesmo torna-se provável que hoje seja realmente o dia do meu desligamento definitivo deste órgão.

Ao agradecer a colaboração de todos, Cacilda observou ainda: "Os erros jamais foram originados na falta de luta, mas realmente – me parece – conseqüência das próprias condições do nosso teatro, às vezes totalmente caótico".

Pedindo uma "crítica justa e imparcial", que seria o "prêmio para o ano tão duro que tive", Cacilda me enviou, ainda em novembro, ao licenciar-se da CET, o relatório de suas atividades. No ofício, ela escreveu:

> Enfrentamos problemas, alguns solucionáveis e outros, infelizmente, de impossível solução, tais como: os que mais abalaram e atingiram a classe teatral, referentes à impossibilidade de se firmar contrato com peças não liberadas pela Censura federal. Cumprindo nossa função, impusemo-nos, para distribuição das verbas, alguns critérios,

sempre dentro de uma elasticidade indispensável, em busca do acerto e que vinha ao encontro das próprias condições de trabalho do teatro paulista, porém para a nossa dramaturgia olhamos com particular atenção. Outro aspecto a considerar no caso das dotações – são as normas estipuladas no edital, que precede o exame dos pedidos [...], sendo fornecido aos senhores produtores paulistas e publicado no Diário Oficial.

Prosseguia o ofício:

> Dentro de todo o rigor das normas que nos são impostas, analisamos produção por produção no nosso teatro, preocupados principalmente em estimular produtores novos e antigos em suas atividades, porém como já dissemos, atentos particularmente para as produções de textos nacionais. Aqui se faz notar que a ausência de atestado liberatório da Censura federal acompanhando os pedidos de *Feira Paulista de Opinião, Clube da Fossa, O Café, À Prova de Fogo,* etc., etc., não nos possibilitou firmar contrato com os produtores desses espetáculos, embora os tivéssemos aprovado pela dotação de verbas para essas produções, que do ponto de vista cultural nos pareceram preencher requisitos para isso. Ao examinar texto e produção, a nós membros da CET [...] nos competem critérios apenas culturais. À censura competem os julgamentos de outra ordem que nos escapam, em se tratando de auxílio governamental, precedendo o nosso julgamento. Espetáculos que recorreram à justiça, órgão superior, e que obtiveram liminares judiciais e depois sentença contrariando determinações da censura – não nos ofereceram condições de solução definitiva, porquanto ao tribunal de recursos ainda compete decisão final, a única que viria a ser definitiva e incontestável e sobre a qual poderíamos nos apoiar para cumprir a finalidade cultural do nosso trabalho.

O mérito maior da gestão de Cacilda não veio de nenhum plano inovador, mas do aumento substancial das verbas, por ela conseguido. Aliás, desde a sua criação, em 1956, e até que alguns secretários estaduais a desrespeitassem, por motivos excusos, a CET seguiu normas relativamente estáveis, ditadas pelo empenho de amparar os vários campos teatrais. Como membro do órgão, no momento em que se elaborou o Plano Estadual de Estímulo ao Teatro, eu o justificava por "visar a um teatro cultural, popular, brasileiro e de raízes fundas no tempo".

Cacilda dividiu o seu relatório nos seguintes itens: I. Incentivo e divulgação do teatro; II. Incentivo ao teatro não profissional; III. Incentivo ao ensino de teatro; IV. Diversos itens; V. Prêmios Governador do Estado; VI. Atendimento ao teatro profissional; e VII. Construção de teatros no Interior. Chegou-se à minúcia de especificar a quantia despendida em cada subitem.

Quanto ao item I: a. dando seqüência à publicação bimestral da revista *Teatro da Juventude*, compilou-se material para a publicação de mais seis números e adquiriram-se cinco mil e oitocentos livros didáticos teatrais e textos de dramaturgia, para distribuição gratuita a entidades culturais e amadoras, e a bibliotecas públicas; b. imprimiram-se oito mil cartazes, dos quais dois mil para o VI Festival de Teatro Amador do Estado, três mil para o Teatro Didático e três mil para a publicidade de companhia profissional em excursão pelo Interior; c. programado há muito, publicou-se, com uma tiragem de mil e quinhentos exemplares, o *Anuário Paulista de Teatro*; d. objetivando incrementar a dramaturgia brasileira, realizaram-se dois certames literários: 1° concurso de peças de teatro infantil – prêmio Narizinho –, cujo vencedor, a peça *Lambe-beiços e Seu Criado Cata-farelos*, de Fábio Gaia, teve tiragem de dois mil exemplares; 2° concurso de peças da dramaturgia nacional – Prêmio Anchieta –, autorizando-se a publicação de dois mil exemplares do texto vencedor – *O Escorpião de Numância*, de Renata Pallottini.

O item II, relativo ao Incentivo ao teatro não profissional, compreendeu: a. promoveu-se o VI Festival de Teatro Amador do Estado de São Paulo, com a participação de dezoito Federações, representadas por cerca de 55% dos grupos (183); b. colaborou-se na realização do Congresso de Teatro Amador; c. auxiliaram-se treze grupos de teatro infantil, com a exigência de cobrança de preços populares ou de apresentações gratuitas; d. financiaram-se oito grupos de teatro secundário, a maior parte sediada no Interior; e. criada a Federação de Teatro Universitário, subvencionaram-se o Tusp, o Teba, o Gata (de Botucatu), o Grupo Teatral de Medicina (da USP), o Gema e o Tulq (da Escola Luiz de Queiroz, de Piracicaba); f. no programa de teatro didático, patrocinaram-se trinta récitas de *Portugal, Seu Teatro e Sua Poesia* (vinte na Capital e dez no Interior); g. subvencionaram-se dez apresentações da Escola de Arte Dramática de São Paulo, com a peça *As Alegres Comadres de Windsor*, de Shakespeare; h. concedeu-se o prêmio de incentivo ao melhor grupo do V Festival de Teatro Amador, que consistiu em custear sua excursão pelo Interior do Estado; e i. distribuiu-se ajuda de emergência ao Teatro da Cidade de Santo André (em viagens ao Interior), a *O Casarão*, ao grupo universitário Bandeira e ao Tusp.

O incentivo ao ensino de teatro, constante do item III, abrangeu: ciclos de conferências, cursos para professores primários, nas férias de julho; para estudantes secundários, em Lorena; de monitores para teatro amador na Capital, junto com a Federação Paulista de Amadores Teatrais; de prática teatral, em São Carlos, Presidente Prudente e Lins; e especializado, em convênio com a Associação Paulista de Críticos Teatrais.

Os diversos itens (IV) abarcaram pagamentos a comissões julgadoras, à coordenação e ao custeio de fases do Festival Amador e à composição e revisão da revista *Teatro da Juventude*. No item V (Prêmios Governador do Estado), lauream-se dez categorias de teatro profissional e também amadores, além de se atribuírem bolsas de estudos a elementos do amadorismo.

O atendimento ao teatro profissional (VI) consistiu na ajuda a espetáculos promovidos pelo Centro de Estudos Teóricos e Práticos de Interpretação, para aperfeiçoamento de atores profissionais; na compra de espetáculos já estreados, vendendo-se os ingressos a preços reduzidos; e subsídio a montagens ainda por estrear no ano, conforme edital publicado em 5 de junho de 1968, obrigando-se as empresas a oferecer, exceto aos sábados, redução de 50% aos estudantes, bem como aos filiados a entidades de classe, quando adquirissem ingressos em número igual ou superior a dez, e outra qualquer modalidade de contraprestação de serviços, a critério da Comissão. O teto dos auxílios era de 35 mil cruzeiros novos, quantia bastante expressiva na época, e que beneficiou os seguintes espetáculos: *Galileu Galilei, A Moreninha, Cemitério de Automóveis, Os Sete Gatinhos* e *Marta Saré* (para apresentações no Interior). Informava o relatório que o plano incluía ainda a dotação a um texto de Plínio Marcos, anunciado pelo Grupo Opinião, no caso de remanejamento de alguma reserva orçamentária. O item VII do relatório mencionava que a CET estava aguardando do titular da pasta a liberação de 350 mil cruzeiros novos, para atendimento a vários pedidos de construção de teatros no Interior.

Cacilda sentia-se gratificada pelo trabalho na CET, embora sofresse até campanha jornalística, sugerindo favorecimento. Com a leviandade brasileira típica, inventaram que o Teatro Ruth Escobar se beneficiou pelo recebimento de verbas maiores. Os rumores ficaram desagradáveis, porque a atriz viajou para os Estados Unidos, de lá seguindo para a Europa, juntamente com Ruth Escobar. A própria Secretaria de Cultura julgou imprudente a viagem, por propiciar a propagação do falatório. Em serviço público não basta ser honesto – é necessário também aparentar honestidade. Examine-se, contudo, a distribuição das verbas, e se concluirá que ela obedeceu a critérios rigorosamente técnicos. Décio de Almeida Prado, que redigiu um documento de desagravo a Cacilda, observou ademais, com justeza, que as decisões da CET eram todas tomadas por maioria de votos.

Ainda sobre a viagem de Cacilda, um dado pitoresco: o Consulado norte-americano relutava em conceder-lhe visto de entrada nos Estados Unidos, porque ela estava fichada como comunista. Católica, anticomunista, frágil, desinteressada de política, naqueles anos terríveis era a todo momento perseguida por participar de uma suposta luta partidária. Essa dificuldade e o veto da Censura ao seu trabalho na tevê robusteceram a sua mania de perseguição.

No dia 24 de fevereiro de 1969, Cacilda prestou contas de sua administração numa reunião com representantes da classe teatral, realizada no Teatro Aliança Francesa. Esse encontro significou para ela expressiva vitória. Nem se tocou na questão da honradez, em ridícula hora levantada. Viu-se o grande esforço desenvolvido pela presidente da CET para ampliar as verbas e atender a todos.

A nota dissonante da reunião foi dada por Plínio Marcos, aliás amigo e admirador de Cacilda. Compreendo a atitude do dramaturgo, pela radicalidade de suas posições. Afirmou ele ser mentira a ajuda da Comissão ao autor brasileiro. Cacilda admitiu a crítica, ficou atrapalhada, quase chorando. Eu me encontrava ali apenas na qualidade de jornalista, mas decidi pedir a palavra, para tomar a defesa de Cacilda. Anotei, na ocasião, o que reproduzo sem modificar uma palavra:

> Como eu havia, muitos anos atrás, proposto na CET a adoção de um item preferencial ao autor brasileiro, não queria que a crítica do Plínio parecesse verdadeira, só porque ele, de fato, teria sido prejudicado na distribuição das verbas. Ele citou também o Abílio Pereira de Almeida, o que não é verdade, porque a CET, apesar do parecer contrário de dois membros da comissão de leitura (Anatol e D'Aversa, e só o meu voto favorável), concedeu ajuda à montagem do *Clube da Fossa*. O auxílio não pôde ser concedido, porque a Censura interditou a peça, mas a verba foi transferida para *Alô... 36-4408*, que só tem quatro personagens.

O amparo financeiro, por outro lado, não beneficiava apenas os empresários, como Plínio criticou. A função do subsídio era cobrir a diferença entre os preços normais e os reduzidos, visando ao aumento do público, de interesse também do dramaturgo. O ingresso mais barato aparentemente reduziria a parte do autor. No entanto, nos contratos das empresas com a Sociedade Brasileira de Autores Teatrais, uma cláusula previa o desconto de 10% das subvenções recebidas. Assim, continuava inalterada a porcentagem devida justamente ao dramaturgo.

Cacilda teve de enfrentar, na CET, outras questões delicadas. Ordens superiores pretenderam suspender a compra e a distribuição de livros, julgados subversivos naqueles tristes dias. Eram eles: *Liberdade, Liberdade,* de Millôr Fernandes e Flávio Rangel; *Teatro Político,* de Erwin Piscator; e *Teatro de Protesto,* de Robert Brustein. Hoje tenho vontade de rir, diante de tamanha estupidez, mas no início de 1969 uma notícia desse teor poderia ter conseqüências imprevisíveis.

Impedida de atuar na televisão, passando por dificuldades financeiras, além de sofrer o trauma da separação de Walmor, Cacilda não procurou, na volta ao palco, um texto comercial. Fixou-se em *Esperando Godot,* de Samuel Beckett, em que interpretava o *clown*-vagabundo Estragon, ao lado de Walmor, como Wladimir, e lançando seu filho Carlos Martins (Cuca), promissor talento, que preferiu não continuar no teatro. Estreado em 8 de abril, no TCB, sob a direção de Flávio Rangel, o espetáculo permaneceu pouquíssimo tempo em cartaz, porque já no dia 6 de maio, no intervalo de uma vesperal, ela seguiu para o Hospital São Luiz. Ainda com as roupas da personagem, submeteu-se à primeira intervenção cirúrgica. Após 38 dias de vigília, em que às vezes se acendia uma esperança de salvação, Cacilda veio a falecer, no dia 14 de junho de 1969. O diagnóstico: aneurisma roto-cerebral.

O noticiário jornalístico desde a internação, a romaria ao hospital, os esforços para trazer de Osaka um medicamento que pudesse talvez salvá-la – tudo deu a medida do extraordinário prestígio da artista. Dividiram-se as penosas tarefas para o sepultamento. Coube-me resolver a questão do túmulo. Liguei para o meu colega de jornal Alberto de Oliveira, na Sala de Imprensa da Prefeitura, que me pôs em contato com o chefe de Relações Públicas. Em dez minutos, Flávio Rangel e eu estávamos no Parque Ibirapuera. Justiça seja feita: o então Prefeito Paulo Salim Maluf, que no Governo de São Paulo se revelaria, apesar do gosto pelo piano, um dos piores inimigos da cultura, já havia autorizado a concessão gratuita de um terreno, no Cemitério do Araçá, e o pagamento das despesas com o enterro. Estava assinado também, pelos secretários municipais, um telegrama de pêsames, enviado a Walmor. Até aquele dia, eu nunca havia visto tanta presteza numa repartição pública.

Foi impressionante o desfile de admiradores anônimos, no velório do Convento dos Dominicanos. Discutiu-se se os teatros deveriam ou não funcionar. Eu achava obrigatório que dessem espetáculos, em função de costume centenário do palco e do que me parecia ser o desejo de Cacilda. Ainda no hospital, Renata Pallottini, que substituiu a atriz na presidência da CET, redigiu um texto muito bonito, para ser lido antes do início de cada representação. Do Rio, vieram, entre outras pessoas, Tônia Carrero (já reconciliada, de maneira superior, com Cacilda), Paschoal Carlos Magno, Cecil Thiré, Oscar Ornstein, Célia Biar, Rosita Tomás Lopes e Barbara Heliodora.

No cemitério, Paschoal Carlos Magno me dizia que pela primeira vez gente de teatro estava no enterro de um colega. Ninguém comparecera ao sepultamento de Conchita de Moraes, Flora May, Itália Fausta, Adacto Filho e tantos outros. Felizmente, não houve desfile de discursos, destinados mais a promover a vaidade do orador. Coube a Ziembinski, patriarca do nosso teatro, prestar a última homenagem a Cacilda, em belas e comovidas palavras.

No quinto aniversário de sua morte, escrevi que, se ela estivesse viva, certamente não seria tão difícil a situação do palco. A liderança que os colegas e as autoridades lhe reconheciam teria minorado os problemas que se enfrentava. Em junho de 1974, havia somente seis espetáculos em cartaz, em São Paulo. Os antigos conjuntos ou empresários se mostravam tímidos e poucos nomes novos estavam tomando seus postos. Com a sua energia, que se comunicava a todo mundo, Cacilda encontraria uma saída para os descaminhos. Daí o panorama desolador da produção cênica.

Perto de uma década e meia do falecimento, procurei sintetizar o que a atriz significou para mim. Ocorre-me uma observação de Gilda de Mello e Souza, que espero não estar deturpando. O gênio não é a exuberância de dotes, mas a vitória consciente contra alguma insuficiência. Cacilda não era bonita, mas adquiria extraordinária aura em cena, produzida por irresistível magnetismo. Sem grande estatura, magra, não pesando mais de quarenta quilos, agigantava-se no palco. A voz não era nem aveludada, nem poderosa: utilizada com inteligência, vencendo a respiração difícil, por causa de problemas pulmonares, contribuía para sublinhar a inconfundível personalidade. Só não se diria uma atriz fabricada, porque era no teatro, exatamente, que ela tinha vida própria.

A adesão natural à personagem levava-a, muitas vezes, a incorporá-la ao seu cotidiano. Processava-se de tal maneira a identificação que os colegas padeciam, na vida real, o gênero de conflito fixado no texto. Se essa característica neurotizava o convívio, garantia a intimidade permanente com o papel. Vivido 24 horas por dia, ele não corria o risco de falsear o espetáculo.

É impressionante o número de grandes personagens interpretados por Cacilda. Brízida Vaz, Inês Pereira, Desdêmona, Lúcia, Abbie, Rainha Gertrudes, Inês, Polly, Lady Braknell, Alma Winemiller, Pega-Fogo, A Enteada, Margarida Gauthier, Antígone, Maria Stuart, Maggie, Mary Tyrone, Clara Zahanassian, Cleópatra, Hannah, Marta, Estragon, para só citar os mais conhecidos, metade dos quais não tive oportunidade de ver com ela.

O físico, a voz, o feitio psicológico me pareciam recomendar Cacilda para o repertório moderno, mais facilmente apreensível pela intuição e pela sensibilidade. As antenas ligavam-na aos conflitos do nosso tempo, vivenciados até o extremo limite no cotidiano. Divertida, precisa, com o ritmo justo da comédia, era sobretudo no drama que melhor se realizava.

Dos 26 desempenhos a que assisti de Cacilda, dois particularmente se gravaram em mim: o de Pega-Fogo e o de Estragon. Vi a peça de Jules Renard numa remontagem, em que não me convencia o cenário. Aos poucos, desliguei-me dos acessórios, para me concentrar no sofrimento daquele menino maltratado. Verifico, assustado, que os dois papéis de minha preferência, na carreira da atriz, são masculinos. Que significaria essa coincidência?

Não se conclua que Cacilda aparentasse masculinidade em cena, propícia ao travesti. Ao contrário, ela era bem feminina, em tantas criações. Sua fragilidade pessoal é que emprestava a Pega-Fogo e a Estragon o corte profundamente humano. Desamparo, tristeza, perplexidade diante da vida, sofrimento contido, humilhação – eram a matéria-prima que vinha das raízes da infância e se colava às personagens, fazendo-as tão autênticas. Cacilda encarnava como ninguém o estranho herói moderno, abatido em meio ao mundo absurdo.

A vitória profissional, refletida até em bens materiais, apesar das fases financeiramente difíceis, não alterou a substância da mulher, temperada em duras provações. Por isso, tudo o que ela transmitia estava carregado de verdade. Mesmo na escolha de textos digestivos, por imperativo da circunstância, Cacilda continuava fiel a si mesma. Ela não se aproveitou do mecenato de Franco Zampari para impor no TBC um repertório exigente. Ali também ela viveu peças acessíveis. E, na sua companhia, ao invés de comercializar-se, foi vivendo paulatinamente um repertório cada vez mais difícil.

Nenhuma outra personalidade conciliou tão perfeitamente a realização artística e a imagem pública, traduzida em legítima liderança sobre os colegas. Talvez o hábito da luta, quer para a sobrevivência, quer para impor-se no antigo meio profissional, lhe facilitasse o diálogo com o poder. Até a morte, aos 48 anos, ainda tão jovem para as imensas possibilidades da arte de representar, ela reinou no palco. E continua o símbolo do que produziu de melhor o teatro brasileiro.

21. Eva e Eliane

A circunstância de estarem juntas no palco duas atrizes exige mais que um entendimento mútuo e serem elas mãe e filha, em *Querida Mamãe*, de Maria Adelaide Amaral, requer uma química própria, que transcende o biótipo semelhante, para se abrir a outras afinidades, independentemente dos conflitos. Se os dados biográficos por força as separam, Eva Wilma e Eliane Giardini têm em comum a natureza de *bêtes de théâtre*, o compromisso de vida com a arte (as duas até se uniram a colegas de profissão) e acreditam que o ator deva ser polivalente, apto a dominar qualquer veículo.

Lembro-me de Eva Wilma no primeiro Teatro de Arena, sobretudo em *Uma Mulher e Três Palhaços*, em que ela emprestava ao texto de Achard a graça poética e a leveza imaterial de sua formação de bailarina, tendo até participado do Ballet do IV Centenário de São Paulo. A partir de cinco encenações de José Renato, ela foi criando papéis inesquecíveis, tanto em São Paulo como no Rio, dirigida por muitos dos nomes mais respeitáveis da nossa atividade cênica – Ruggero Jacobbi, Antunes Filho, Adolfo Celi, Flávio Rangel, João Bethencourt, Ziembinski, Ademar Guerra, Osmar Rodrigues Cruz, Gianni Ratto, Paulo Autran, Bibi Ferreira e Flávio Marinho.

Entre as suas criações, impôs-se de imediato a que fez de *Blackout*, de Frederick Knott, perfeito como espetáculo de suspense, sob a direção de Antunes Filho. Era meticulosa, irrepreensível na escola do realismo, a caracterização da cega, numa consciência sempre mais apurada dos meios de atriz. Protagonista, Eva Wilma, como não poderia deixar de ser, dominava o elenco, de ótimas figuras.

Em *Pequenos Assassinatos*, do humorista Jules Feiffer, cada intérprete precisava sustentar um importante monólogo, e Eva Wilma valorizou o seu. Ela quebrava bem a imagem de desempenhos anteriores, para desenhar o caráter da jovem protetora e enérgica.

Narradora nas óperas não-convencionais *A História de um Soldado*, de Stravínski, e *O Rei David*, de Honneger, Eva Wilma não se furtou, numa produção própria, a tentar uma aventura completamente diversa do que sugeria seu registro conhecido: a personagem Wladimir, em *Esperando Godot*, de Samuel Beckett. Mais cerebral, ela raciocinava, lembrando a cada momento que esperavam Godot, e com voz cortante empurrava a ação (ou falta dela) para o amanhã. Sem fazer um travesti, que poderia sugerir outro significado, Eva Wilma dosava bem a determinação e uma natural fragilidade.

Numa convicção de que o teatro pode ser levado aos mais distantes rincões do país, Eva Wilma e seu falecido marido Carlos Zara apresentaram, em 1991, *Love Letters* (Cartas de Amor), de A. R. Gurney. Entremeando o espetáculo com a telenovela, onde se distingue também como grande dama da televisão (premiada em *Mulheres de Areia* e *A Viagem*). E sem esquecer sua importante contribuição ao cinema, laureada nos filmes *O Craque* e *O Cantor e o Milionário*, de José Carlos Bule, *Chico Viola Não Morreu* (co-produção Brasil-Argentina), *Cidade Ameaçada*, de Roberto Farias, *A Ilha*, de Walter Hugo Khoury, *O 5º Poder*, de Alberto Pieralise e Carlos Pedrega, e *São Paulo S. A.*, de Luiz Sérgio Person.

Eliane Giardini começou sua carreira cerca de duas décadas depois de Eva Wilma, ao cursar a Escola de Arte Dramática de São Paulo. E o desempenho de formanda – em *Victor ou as Crianças no Poder*, de Roger Vitrac, sob a direção de Celso Nunes, já foi um êxito, bem recebido inclusive no Festival de Palermo, na Itália, e ponto de partida para o profissionalismo do grupo, que adotou o nome do espetáculo, O Pessoal do Victor.

Os Iks, em que Colin Higgins, Denis Cannan e Peter Brook transpunham para o palco *O Povo da Montanha*, livro do antropólogo Colin Turnbul, o elenco jovem, contando Eliane, prosseguia a sua trajetória, menos feliz com *O Processo*, adaptado do romance de Kafka. A quarta produção – *Cerimônia para um Negro Assassinado*, de Arrabal – reabilitou o grupo, permitindo ao crítico afirmar que Eliane, pelo comando cênico, se preparava para ser uma das nossas melhores atrizes. *A Vida É Sonho*, de Calderón de la Barca, quando o Pessoal do Victor se vinculou ao Centro de Teatro da Unicamp, por iniciativa de Celso Nunes, ampliou para um clássico a pesquisa do conjunto. Eliane Giardini valorizou a presença de Rosaura, emprestando-lhe, ademais, a necessária nobreza vocal.

A consagração maior veio quando a atriz pôde incorporar, em *Na Carrera do Divino*, que Carlos Alberto Soffredini adaptou do livro *Os Parceiros do Rio Bonito*, de Antonio Candido, sua experiência do universo caipira, originária que é do Interior de São Paulo. O Troféu Mambembe coroou seu desempenho.

Versátil, Eliane sintetizou muito bem o comportamento da aluna adiantada de *A Aurora de Minha Vida*, peça de Naum Alves de Souza. *O Amigo da Onça*, de Chico Caruso, ressaltou o temperamento da comediante. A crítica elogiou sua atuação em *Perversidade Sexual em Chicago* e, em *A Fera na Selva*, adaptada por Luiz Arthur Nunes do livro de Henry James, ela conseguiu realizar um contraponto feliz entre a narrativa e o diálogo. Dos seis trabalhos expressivos de Eliane Giardini, na televisão, sobressaíram os de *Ninho da Serpente* e *Renascer*.

Essas duas belas atrizes deram vida à criação de Maria Adelaide Amaral.

22. Teatro em São Paulo de 1943 a 1968

Pode-se afirmar que até 1942, com exceção de Nino Nello, o teatro profissional em São Paulo se alimentava dos espetáculos trazidos do Rio de Janeiro e das temporadas sul-americanas dos conjuntos europeus. Em 1943, a situação não era diferente, mas já se formavam o Grupo de Teatro Experimental, dirigido por Alfredo Mesquita, o Grupo Universitário de Teatro, dirigido por Décio de Almeida Prado, os English Players, dirigidos por Eagling, e os Artistas Amadores, dirigidos por Madalena Nicol, que viriam a constituir o núcleo do Teatro Brasileiro de Comédia, criado em 1948 pelo industrial italiano Franco Zampari e que se projetaria logo como a mais importante companhia do País.

A qualidade fundamental desses grupos amadores se encontrava na escolha do repertório, que fugia das comédias despretensiosas, prestigiando os textos considerados não comerciais da dramaturgia de todo o mundo. Valorizava-se, por outro lado, a equipe, e o encenador procurava harmonizar o elenco, desvencilhando-se do predomínio absoluto do primeiro ator.

O Grupo de Teatro Experimental já havia apresentado *O Soldado de Chocolate*, de Bernard Shaw, e *À quoi rêvent les jeunes filles*, de Alfred de Musset. Passando a constituir-se formalmente, sob a direção artística de Alfredo Mesquita, e tendo Décio de Almeida Prado como presidente e Carlos Lacerda como vice-presidente, o elenco lançou em português *A Sombra do Mal*, de Lenormand, com cenários e figurinos de Clóvis Graciano, e desempenho, entre outros, de Abílio Pereira de

Almeida, Rodolfo Nanni, José de Barros Pinto, Paulo Mesquita Mendonça, Carlos Vergueiro e Marina Freire.

Já o Grupo Universitário de Teatro, formado por Décio de Almeida Prado, Valter Wey e Clóvis Graciano, ofereceu num só espetáculo *Auto da Barca*, de Gil Vicente, *Os Irmãos das Almas*, de Martins Pena, e *Pequenos Serviços em Casa de Casal*, de Mário Neme, reunindo no desempenho, entre outros, Cacilda Becker, Irene de Bojano, Caio Eduardo Caiubi, Tito Fleury e Waldemar Wey. O "difícil" Oswald de Andrade, embora utilizasse para eles o qualificativo de "chato-boys", não deixou de dar-lhes parabéns.

O teatro profissional vindo do Rio montou, em 1943, sob a liderança de Procópio Ferreira, *O Vendedor de Ilusões*, de Oduvaldo Vianna, e de novo *O Avarento*, de Molière, um de seus mais justificados êxitos; em seguida *Gente Honesta*, de Amaral Gurgel, e *O Demônio Familiar*, de José de Alencar. Dulcina interpretou *A Mulher Inatingível*, de Somerset Maugham; Jayme Costa, *O Homem que Chutou a Consciência*, de J. Rui; Palmeirim Silva se aventurou em *Pedimos a Paz*, de Goldoni; e Nino Nello levou *Imigrante* (cujo título anterior era *D. Gaetano Mangiaferro*, de incontestável sucesso popular), *Canção da Saudade* (baseada em costumes paulistas), e *Filho de Sapateiro, Sapateiro Deve Ser*. Em 1944, ele lançou o ator Mazzaropi, popularizado no cinema, e *Pé Rapado*, de Arnold Coimbra, que explorava "as idéias sociais da época".

São Paulo acolheu no Municipal, em 1944, o grupo carioca amador Os Comediantes, com a montagem formada por *Um Capricho*, de Musset, e *A Escola dos Maridos*, de Molière, seguida de *Peléas e Melisanda*, de Maeterlinck, e como terceiro lançamento, sob a direção de Ziembinski e com cenário de Santa Rosa, a peça *Vestido de Noiva*, de Nelson Rodrigues, que havia revolucionado a dramaturgia brasileira, bem como a estética do espetáculo.

O Grupo de Teatro Experimental retornou, nesse ano, apresentando *Fora da Barra*, de Sutton Vane, sob a direção de Alfredo Mesquita, e *Heffman*, de autoria do encenador, que viria a criar, em 1948, a Escola de Arte Dramática de São Paulo, celeiro de atores, dramaturgos, encenadores, cenógrafos, figurinistas e críticos, incorporada mais tarde à Escola de Comunicações e Artes da Universidade de São Paulo. Do elenco de *Heffman* participaram nomes que se distinguiriam, depois, em outros campos, como Lygia Fagundes Telles, Ruy Mesquita e Paulo Mendonça.

O teatro profissional contou, desde o início de 1944, com Procópio, no desempenho de *Serão Homens Amanhã*, de Darthés e Damel, em adaptação de Armando Louzada, *O Cura da Aldeia*, de Carlos Arniches, e *Dr. Ninguém*, de Dias Gomes, bem recebida pela crítica, antecipando já o grande triunfo de *O Pagador de Promessas*, em 1960.

Em fins de 1944 Dulcina e Odilon trouxeram a São Paulo os espetáculos lançados no Municipal carioca, representativos do seu empenho de renovação. A *César e Cleópatra*, discutida pela crítica, seguiu-se *Joana d'Arc*, outra peça de Bernard Shaw, de melhor aceitação, e *Anfitrião 38*, que teria apreendido o espírito do autor, Jean Giraudoux.

O elenco de Rachel Berendt foi, entre os estrangeiros, o que mais se distinguiu, sobretudo com *Une femme singulière*, do paulista Cristóvão Camargo, mecenas cujas outras iniciativas incluem, durante a Segunda Grande Guerra, a vinda de conjuntos franceses ao Brasil.

Continuando a linha de prestígio à dramaturgia de língua portuguesa, o Grupo Universitário de Teatro encenou, em 1945, *Farsa de Inês Pereira*, de Gil Vicente, e *Amapá*, de Carlos Lacerda, que dramatizou sua experiência como repórter durante essa Guerra.

No mesmo ano, o Grupo de Teatro Experimental apresentou *Os Pássaros*, de Aristófanes, em montagem de Alfredo Mesquita, prejudicada pelas máscaras e pelos vestuários, apesar do bom desempenho de José de Barros Pinto e Caio Caiubi. Em *A Bailarina Solta no Mundo*, de Carlos Lacerda, a direção de Alfredo Mesquita, segundo a crítica, mais indicava do que descrevia "os efeitos das figuras". E em *O Avarento*, de Molière, ressaltava o desempenho de Marina Freire e Abílio Pereira de Almeida, popularizado mais tarde como dramaturgo.

Se Dulcina e Odilon não foram aclamados pela apresentação de Shaw, Lorca e Giraudoux, *Ela e Eu*, de Verneuil, constituiu grande êxito, que o crítico de *O Estado de S. Paulo* justificou pela presença da guerra, incentivadora do mero divertimento. De qualquer forma, a temporada foi vista como "de valor realmente fora do comum", com as carreiras bem sucedidas de *Deslumbramento*, de Keith Vinter, *Marquesa de Santos*, de Viriato Corrêa, e *Convite à Vida*, de Maria Jacintha. O casal voltou a São Paulo no fim de 1945, com *Chuva*, adaptada da novela de Somerset Maugham, que ficou em cartaz perto de quatro meses seguidos, tempo então julgado milagroso.

Bibi Ferreira permaneceu na cidade de dezembro de 1944 a abril de 1945, compondo seu repertório *Que Fim de Semana*, de Noel Coward; *A Moreninha*, adaptação do romance de Joaquim Manuel de Macedo feita por Miroel Silveira; *O Barbeiro de Sevilha*, de Beaumarchais; *A Culpa é de Você*, de Giocoecher Guidone; *A Vida não É Nada Disso* e *A Primeira da Classe*, de Malfatti e Insausti.

Depois de levar *O Mentiroso*, de Goldoni, e *O Diabo*, de Ferenc Molnar, Procópio teve a iniciativa elogiável de oferecer o "Teatro Retrospectivo" de nossa língua, constituído por *Guerra do Alecrim e Manjerona*, de Antônio José, o Judeu; *O Demônio Familiar*, de Alencar; *As Doutoras*, de França Júnior; *O Badejo*, de Artur Azevedo; *Quebranto*, de Coelho Neto; e *Flores de Sombra*, de Cláudio de Sousa.

João Batista de Almeida realizou uma seqüência de *Filho de Sapateiro* em *Dois Anos Depois*, espetáculo de Nino Nello. E a vitória dos aliados na Segunda Guerra Mundial foi comemorada por Beatriz Costa e Oscarito, com *A Cobra Está Fumando*, e pelos espetáculos do Cassino Antártica, mostrando telões com retratos de Roosevelt, Stálin e Churchill.

A presença francesa marcou-se, em 1945, pela Comédie, sob a direção de Pierre Dux, com um elenco de grandes nomes, em que sobressaíam Madeleine Robinson, Claude Nollier, Jean Marchat, Gisèle Casadesus e Rognoni. No repertório, *Hymenée*, de Bourdet; *L'Otage*, de Claudel; *Histoire de Rire*, de Salacrou; *Antigone*, de Anouilh; *La Parisienne*, de Becque; e *Feu la Mère de Madame*, de Feydeau.

Já naquele tempo a Censura, providencialmente abolida pela Constituição de 1988, sem que balançassem os alicerces do Governo e da moralidade pública, fazia das suas, proibindo os autores de utilizar padres ou militares como personagens, mesmo se fosse para elogiá-los.

A maior queixa dos artistas, porém, era a da falta de casas de espetáculos. Em São Paulo, funcionavam em 1946 apenas três teatros: o Boa Vista, o Santana e o Municipal (reservado para as companhias estrangeiras, as festas de fim de ano, as formaturas e os bailes). O que não impediu o Grupo de Teatro Experimental e o Grupo Universitário de Teatro de realizarem uma temporada conjunta, às segundas-feiras, no Boa Vista, a preços populares. O GUT estreou com *A Farsa de Inês Pereira* e *Todo o Mundo e Ninguém*, de Gil Vicente, e *Pequenos Serviços em Casa de Casal*, de Mário Neme. O GTE levou pouco antes, no Municipal, *As Alegres Comadres de Windsor*, de Shakespeare, e *Pif-Paf*, de Abílio Pereira de Almeida, considerado o primeiro grande sucesso paulista.

O novo espetáculo do GUT se compunha do *Auto da Barca* e do *Auto de Mofina Mendes*, de Gil Vicente, e de *Os Irmãos das Almas*, de Martins Pena, figurando no elenco nomes que se imporiam depois, como o crítico Delmiro Gonçalves (que fundou um grupo, na década de cinqüenta), a professora Maria José de Carvalho, autoridade em dicção, e a professora Haydée Bittencourt, que dirigiu o Teatro Universitário de Minas Gerais.

O amadorismo incipiente, pelas suas exigências artísticas, acabou condenando velhas práticas do teatro profissional, como a alteração do texto de *Cândida*, de Bernard Shaw, no desempenho de Eva Todor, e *Onde Está a Minha Família*, de Weissbach e Doblas, por Jayme Costa. Até a revista buscou melhor padrão, como em *Sonho Carioca*, dirigida pelo português Chianca de Garcia.

O teatro estrangeiro compareceu, em 1946, por intermédio do elenco encabeçado pelo ator francês Fernand Ledoux, cujo repertório incluía *Baisers Perdus*, de Birabeau; e *Leocadia* e *Les Mal aimés*, de

Mauriac; *Poil de Carotte* (Pega Fogo), de Jules Romains, e um recital poético. O repertório, porém, omitia os nomes da ordem do dia, como Camus e Sartre, já saudados pela imprensa.

O ano de 1947, em São Paulo, teve relevo pela presença do grupo carioca profissionalizado de Os Comediantes, sob a direção de Miroel Siveira, trazendo no elenco Maria Della Costa, Olga Navarro, Sandro Polloni, Cacilda Becker, Jardel Filho, Jackson de Souza, Orlando Guy, Joseph Guerreiro, Graça Melo, Margarida Rey, Magalhães Graça e Ziembinski. *Desejo*, de O'Neill, sob a direção de Ziembinski e com cenários de Eros Gonçalves (Martim Gonçalves) e figurinos de Oswaldo Mota, abriu a temporada.

Vestido de Noiva, de Nelson Rodrigues, em sua terceira versão, permitiu ao crítico do jornal *O Estado de S. Paulo* profetizar para Maria Della Costa um grande futuro e, sobre Cacilda Becker, escrever que ela "dispõe de todo o necessário para ser uma das maiores atrizes do teatro brasileiro de amanhã". A temporada paulistana de Os Comediantes se completou com *A Rainha Morta*, de Montherlant, e *Era uma Vez um Preso*, de Anouilh, estendendo-se do Municipal aos Teatros Boa Vista e Santana.

Outras visitas de conjuntos profissionais cariocas a São Paulo, em 1947: os Artistas Unidos, tendo como primeira figura a atriz francesa Henriette Morineau (conquistada pelo nosso palco), em *Mademoiselle*, de Jacques Deval, tendo a seu lado Luíza Barreto Leite, "uma das personalidades mais fortes do teatro brasileiro"; e *Pecado Original* (Les Enfants terribles), de Cocteau, drama intenso; Procópio, junto com Suzana Negri, interpretando *Ciúme*, de Verneuil; e *Juízo Final*, de Joracy Camargo; e Dulcina, em *A Filha de Iório*, de D'Annunzio; e *Uma Estranha Aventura*, de Genolino Amado.

No campo do amadorismo, o Grupo de Teatro Experimental remontou *Pif-Paf* e escolheu *O Avarento*, de Molière, para o repertório das segundas-feiras, no Teatro Boa Vista, que encerrou em 1947 suas atividades. *A Bailarina Solta no Mundo* e *Pif-Paf* receberam calorosos aplausos e o grupo dos Artistas Amadores, que destacava Paulo Autran e Esther Mindlin Guimarães, montou *A Esquina Perigosa*, de Priestley, sob a direção de Madalena e Vivian Nicol.

O teatro italiano apresentou nesse mesmo ano Diana Torrieri, no gênero declamado, com os sucessos de *Seis Personagens à Procura de um Autor*, de Pirandello, e *O Luto Assenta Bem em Electra*, de O'Neill, e Franca Boni, na opereta, além da famosa Emma Gramatica, na interpretação de *La Sacra Fiamma*, de Somerset Maugham; *La Nemica*, de Dario Niccodemi; *La Morsa*, de Pirandello; *Le Medaglie della Vecchia Signora*, de J. M. Barrie; e *Teresa Raquin*, de Zola.

Jacob Ben Ami, nome famoso do teatro iídiche, interpretou *Nasce uma Bandeira*, de Ben Hetcht. E *Le Voyage de M. Perrichon*, divertida obra de Labiche, subiu ao palco do Santana na montagem do conjunto radiofônico Paris na Grande Ville, sob a direção de Rognoni, da Comédie Française.

Não será demais repetir que o ano de 1948 se tornou histórico, em São Paulo, pela criação, em maio, da Escola de Arte Dramática, dirigida por Alfredo Mesquita, e, em outubro, do Teatro Brasileiro de Comédia, iniciativa do industrial italiano Franco Zampari. A EAD procurou abranger, com o tempo, as várias especialidades teatrais, e o TBC, que se valeu da experiência pioneira de Os Comediantes, no Rio, lançou as bases de um teatro profissional semelhante ao dos elencos estáveis europeus, diferente do sistema norte-americano da Broadway, que se fundamenta na produção isolada. Só que, na Europa, essas organizações são oficiais, enquanto Zampari, desejoso de retribuir o que havia ganho no Brasil, acreditou que a pujança econômica de São Paulo teria meios de sustentar um palco privado. Provavelmente ele chegaria a bom termo, se a falência da Companhia Cinematográfica Vera Cruz, por ele fundada em seguida, não acarretasse também a paralisação do elenco teatral.

Para caracterizar seu projeto, Zampari contratou sucessivamente vários encenadores italianos – Adolfo Celi, Luciano Salce e Flaminio Bollini Cerri, além do polonês Ziembinski, responsável pela renovação de Os Comediantes –, e os jovens atores brasileiros de talento, entre os quais Cacilda Becker, Madalena Nicol, Sérgio Cardoso, Nydia Licia e Waldemar Wey.

Desejando atender aos diferentes gostos do público, o TBC adotou a política do ecletismo de repertório, em que um clássico se revezava com uma comédia ligeira. Com exceção de Abílio Pereira de Almeida, cuja obra estava centrada na sociedade paulista, os autores brasileiros eram em geral preteridos, chegando a atriz Cacilda Becker a afirmar, certa vez, que eles deveriam ver seus espetáculos, para fazer o aprendizado da dramaturgia.

Ainda que passível de várias críticas, o TBC é fundamental na história do teatro brasileiro, por ter consolidado o conceito de teatro de equipe e por ter sido a matriz de diversos grupos que se desdobraram dele, a exemplo da Cia. Nydia Licia-Sérgio Cardoso, do Tetro Cacilda Becker (com Walmor Chagas, Cleyde Yáconis e outros), do elenco encabeçado por Madalena Nicol e Ruggero Jacobbi, e tendo mesmo acolhido Maria Della Costa, antes que ela erguesse o teatro com o seu nome, ao lado de Sandro Polloni.

Se os encenadores eram de início todos europeus, depois da crise que por pouco o fechou, levando o Governo do Estado a conceder-lhe significativa verba, a Comissão Estadual de Teatro indicou o dramaturgo Roberto Freire como seu diretor-superintendente, que nomeou Flávio Rangel diretor artístico.

Com a feliz encenação de *A Semente*, uma das melhores peças de Gianfrancesco Guarnieri, acreditava-se no ressurgimento do TBC.

Almas Mortas, de Gógol, na adaptação de Adamov, resultou em malogro, compensado depois pelo êxito de público de *A Escada*, texto de Jorge Andrade menos ambicioso artisticamente. Seguiram-se bem recebidas montagens de *A Morte de um Caixeiro-Viajante*, de Arthur Miller, por Flávio Rangel, e *Yerma*, de García Lorca, por Antunes Filho. Já o último lançamento de 1962 – *A Revolução dos Beatos*, de Dias Gomes –, não conseguiu compensar os custos de manutenção do elenco, atingido por nova crise, no início de 1963. Verba liberada pelo governador Carvalho Pinto deu novo alento ao TBC, que pôde lançar *Os Ossos do Barão*, de Jorge Andrade, dirigida por Maurice Vaneau, recorde de bilheteria do conjunto, ao fixar o tema candente da aristocracia em decadência com o imigrante em ascensão.

Infelizmente *Vereda da Salvação*, também de Jorge Andrade, dirigida por Antunes Filho, não teve boa acolhida, provocando nova crise. Sucederam-se outras tentativas, inclusive pelo aproveitamento do Teatro de Arte, no subsolo do imóvel do TBC, na rua Major Diogo, e do Teatro das Nações, na Avenida São João, mas não se conseguiu assegurar a sobrevivência do conjunto.

Sem exagero, é justo considerar que o TBC representou o marco inicial do profissionalismo de mérito no teatro em São Paulo. Mais ainda, ele se tornou o modelo do bom teatro para todo o Brasil, incluindo o Rio de Janeiro. Até talentosos jovens cariocas, entre os quais os que pertenceram ao Teatro do Estudante criado pelo crítico e animador Paschoal Carlos Magno, transferiram residência para a capital paulista. Na sua visão grandiosa, Franco Zampari duplicou o elenco, para que fosse realizada temporada permanente no Rio, e cogitou de organizar um terceiro grupo, cuja função seria a de percorrer permanentemente todo o país.

Não se deve esquecer que o IV Centenário da cidade de São Paulo, comemorado em 1954, foi outro fator determinante da expansão da atividade cênica. Maria Della Costa e Sandro Polloni ergueram, na rua Paim, a bela casa de espetáculos que ostenta o nome da atriz. Nydia Licia e Sérgio Cardoso criaram, na rua Conselheiro Ramalho, o Teatro Bela Vista, depois denominado Sérgio Cardoso. E José Renato, que havia feito, quando aluno da Escola de Arte Dramática, a primeira experiência de teatro de arena na América do Sul, adaptou para essa forma a sala da rua Teodoro Baima.

Esses elencos adotaram, de início, a mesma política de repertório do TBC. Maria e Sandro já haviam estado em São Paulo, em 1949, com o seu Teatro Popular de Arte, encenando *Anjo Negro*, de Nelson Rodrigues, sob a direção de Ziembinski; *Estrada do Tabaco*, de Erskine Caldwell, sob a direção de Sadi Cabral; *A... Respeitosa*, de Sartre, com Olga Navarro; e *Tereza Raquin*, de Zola, comemorando o jubileu de Itália Fausta. O TPA foi o primeiro elenco de prosa recebido, em 1950, pelo Teatro Cultura Artística. Seguiu-se *O Fundo do Poço*, de

Helena Silveira, sobre um crime praticado em São Paulo. Em 1952, no Teatro São Paulo, Maria interpretou *Manequim*, de Henrique Pongetti. Depois de passar pelo TBC, em *Ralé*, de Górki (1951), viajou à Europa, contratando na Itália o famoso cenógrafo Gianni Ratto para dirigir sua companhia. A casa de espetáculos, que recebeu o nome da atriz, inaugurou-se com *O Canto da Cotovia*, de Anouilh, fazendo jus à maioria dos prêmios de 1954.

Uma Pulga Atrás da Orelha, de Feydeau, foi o novo cartaz, a que se seguiu *A Moratória*, de Jorge Andrade, a primeira contribuição marcante à dramaturgia brasileira, desde a estréia de *Vestido de Noiva*. *Mirandolina*, de Goldoni, e *A Ilha dos Papagaios*, de Sergio Tofano, encerraram a temporada de 1955. No ano seguinte, Bollini, vindo do TBC, dirigiu no TMDC *A Casa de Bernarda Alba*, de García Lorca, e *A Rosa Tatuada*, de Tennessee Williams, de valor reconhecido. Em 1957, Maria e Sandro atuaram em Lisboa, com excelente acolhida.

A Alma Boa de Setsuã, na encenação de Bollini, em 1958, foi julgada a melhor de um texto de Brecht, até aquele ano, no Brasil. *Gimba*, de Gianfrancesco Guarnieri, sob a direção de Flávio Rangel, obteve grande êxito, em 1959. Dois anos depois, Maria interpretou *Armadilha para um Homem Só*, de Robert Thomas, dirigida por Luís de Lima. Em 1962, subiu ao palco *O Marido Vai à Caça*, de Feydeau, na encenação de Maurice Vaneau. *Pindura Saia*, de Graça Melo, foi o cartaz de 1963. Maria e Sandro encontraram-se em Nova York com Arthur Miller, para tratar da montagem de sua peça *Depois da Queda* que, na direção de Flávio Rangel, se tornou a mais aplaudida da temporada seguinte.

O casal ligou-se, em 1967, a Plínio Marcos (revelado em 1959, com a peça *Barrela*, no Festival Nacional de Teatro de Estudantes, que o crítico e embaixador Paschoal Carlos Magno promoveu na cidade de Santos), apresentando *Homens de Papel*, sob a direção de Jairo Arco e Flexa. Antônio Bivar, jovem autor de *Abre a Janela e Deixa Entrar o Ar Puro e o Sol da Manhã*, encenado por Fauzi Arap, foi o escolhido para a temporada seguinte. Já então Maria Della Costa e Sandro Polloni estavam inscritos, pela sua inestimável contribuição, na História do Teatro Brasileiro.

Por iniciativa de Nydia e Sérgio Cardoso, São Paulo ganhou, em 1956, o Teatro Bela Vista (adaptado do antigo Cine-Teatro Espéria), que o Governo do Estado desapropriou, devolvendo-o à população, reconstruído, em 1980, com o nome de Teatro Sérgio Cardoso. A abertura do Bela Vista deu-se com *Hamlet*, de Shakespeare, sob a direção de Sérgio e no desempenho do casal, ao lado de alunos formados pela Escola de Arte Dramática. A qualidade era naturalmente mais apurada que a do espetáculo do Teatro do Estudante, que, em 1948, no Rio de Janeiro, revelou o talento de Sérgio.

O repertório acolheu, em seguida, *Quando as Paredes Falam*, de Ferenc Molnar; *O Comício*, de Abílio Pereira de Almeida, no desempenho do ator convidado Jayme Costa; *Chá e Simpatia*, de Robert Anderson, direção de Sérgio e desempenho de Nydia; *Henrique IV*, de Pirandello, montagem de Ruggero Jacobbi; *O Casamento Suspeitoso*, de Ariano Suassuna; e *Vestido de Noiva*, de Nelson Rodrigues, sob a direção de Sérgio; *Amor Sem Despedida*, de Daphne du Maurier; *Nu com Violino*, de Noel Coward; *Oração para uma Negra*, de Faulkner-Camus; e *Sexy*, de Vicente Catalano.

O Bela Vista foi alugado, em 1961, à Companhia Tônia-Celi-Autran, que obteve grande sucesso. No mesmo ano, voltou ao cartaz *Chá e Simpatia*, que deu lugar a *Quarto de Despejo*, de Edy Lima (adaptação do *Diário*, de Carolina de Jesus), em montagem de Amir Haddad. Seguiram-se *A Castro*, peça clássica portuguesa de Antônio Ferreira, encenada por Milton Baccarelli; *De Repente no Verão Passado*, de Tennessee Williams; *Esta Noite Improvisamos*, de Pirandello, encenada por Alberto D'Aversa; *Guerra do Alecrim e Manjerona*, de Antônio José, o Judeu; *O Tempo e os Conways*, de Priestley; *O Grande Segredo*, de Edouard Bourdet; *As Visões de Simone Machard*, de Brecht; *Quem Rouba um Pé Tem Sorte no Amor*, introduzindo no teatro brasileiro Dario Fo, mais tarde Prêmio Nobel de Literatura; *A Idade dos Homens*, de Osman Lins; *O Pobre Piero*, de Campanile; *Biederman e os Incendiários*, de Max Frish; *Hedda Gabler*, de Ibsen; *O Crime da Cabra*, de Renata Pallottini; *O Outro André*, de Correia Varela; *Uma Certa Cabana*, de Roussin; e *Um Dia na Morte de Joe Egg*, de Peter Nicholson.

Sérgio Cardoso interpretou *Calígula*, de Camus, com elenco de estudantes, em 1962, e um recital shakespeariano, sozinho, em 1964, dedicando-se depois à televisão. Seu intento era o de retornar ao teatro, mas faleceu, em 1972. Pela magnetização de seu desempenho, era possível equipará-lo ao que representou João Caetano, no século XIX.

A Cia. Tônia-Celi-Autran só retornou a São Paulo para participar da festa de entrega dos Prêmios Saci de Teatro de 1962, concedido pelo jornal *O Estado de S. Paulo*, quando encenou *Lisbela e o Prisioneiro*, de Osman Lins. Problemas vários levaram o elenco a dissolver-se, depois de seis anos de brilhante atividade.

O Teatro Cacilda Becker, desmembrado do Teatro Brasileiro de Comédia, em 1957, apresentou-se pela primeira vez no Rio, em março de 1958, com *O Santo e a Porca*, de Ariano Suassuna, viajando com seu repertório a Montevidéu (cuja crítica lhe conferiu a maioria dos prêmios atribuídos ao teatro estrangeiro), para chegar a São Paulo no final de 1958 e estrear no Leopoldo Fróes em janeiro de 1959, com a obra-prima de Eugene O'Neill *Jornada de um Longo Dia para Dentro da Noite*, sob a direção de Ziembinski.

Os cartazes seguintes foram *O Santo e a Porca*, de Ariano Suassuna, sob a direção de Ziembinski e com cenários de Gianni Ratto; *O Protocolo*, de Machado de Assis; *Pega Fogo*, de Jules Renard, na extraordinária criação de Cacilda Becker; *Maria Stuart*, de Schiller; *Os Perigos da Pureza*, de Hugh Mills; e *Santa Marta Fabril S/A*, de Abílio Pereira de Almeida, salvação financeira da companhia. Em 1959, o elenco deslocou-se para Salvador e Recife, seguindo depois para Lisboa e, finalmente, em 1961, Paris, em cujo Festival das Nações Cacilda recebeu elogios unânimes, pelo desempenho de *Pega Fogo* (Poil de Carotte).

A Câmara Municipal de São Paulo votou a cessão do Teatro Leopoldo Fróes para o Teatro Cacilda Becker, mas ela não chegou a ser concretizada. Na Sala Azul do Teatro Natal a atriz interpretou *Virtude e Circunstância*, de Clô Prado, sob a direção de Jean-Luc Descaves. Seguiu-se *Morte e Vida Severina*, de João Cabral de Melo Neto, na encenação de Clemente Portella. Em dezembro de 1960, Cacilda lançou... *Em Moeda Corrente do País*, de Abílio Pereira de Almeida, no Teatro Federação, alugado da Federação Paulista de Futebol, que lhe deu o nome da atriz. Entretanto, alegando necessitar do espaço para os seus cursos, a entidade fechou o teatro, em 1973.

A primeira montagem do TCB, em 1961, foi *Raízes*, de Arnold Wesker, sob a direção de Antônio Abujamra. A segunda – *Oscar*, de Claude Magnier – salvou as finanças do grupo, e revelou Jô Soares para o público paulista. *O Rinoceronte*, de Ionesco, sob a direção de Walmor Chagas, encerrou nesse ano a temporada do grupo, que havia inaugurado ainda o Teatro Nacional de Brasília.

Formaram o repertório do Teatro Cacilda Becker, em 1962, *A Terceira Pessoa do Singular*, de Andrew Rosenthal, e *A Visita da Velha Senhora*, texto de grande qualidade de Dürrenmatt. O excelente desempenho de Cacilda, Walmor e Sérgio Cardoso assegurou o êxito do primeiro espetáculo. O fascínio das personagens e a criação de Cacilda motivaram a platéia, em *A Visita*.

Em 1963, apesar da dispendiosa produção, *César e Cleópatra*, de Shaw, não sensibilizou os espectadores. Ruy Affonso ocupou então o palco, no original de sua autoria, *A Arte de Ser Pai*. *O Santo Milagroso*, divertida comédia de Lauro César Muniz, agradou ao público, na elogiada direção de Walmor. *Onde Canta o Sabiá*, de Gastão Tojeiro, não teve carreira feliz. Já *A Noite de Iguana*, de Tennessee Williams, encenada em 1964, marcou um dos pontos altos da carreira de Cacilda, ao lado dos ótimos desempenhos de Olga Navarro e Walmor Chagas.

Cacilda e Walmor obtiveram justo triunfo em 1965, interpretando *Quem Tem Medo de Virgínia Woolf?*, de Edward Albee, sob a direção de Maurice Vaneau, que assumiu também a responsabilidade empresarial. Pelo significado do espetáculo, em todos os níveis, foi esse um dos momentos altos do teatro em São Paulo.

No ano seguinte, o casal de intérpretes levou ao Interior do Estado *O Homem e a Mulher,* coletânea de textos poéticos e dramáticos. Em 1967, sob a direção de Gianni Ratto, lançou *Isso Devia Ser Proibido,* texto escrito por Bráulio Pedroso e Walmor, em que as duas personagens, a atriz e o ator, juntam dados biográficos e fantasia, com inegável talento.

Por ter assumido a presidência da Comissão Estadual de Teatro, Cacilda não atuou no palco, em 1968, e, entre outros méritos, conseguiu quadruplicar a dotação orçamentária desse órgão do Governo de São Paulo, extinto depois pelo criminoso neoliberalismo.

Esperando Godot, de Samuel Beckett, ficou em cartaz de 8 de abril a 6 de maio de 1969, quando Cacilda foi transportada a um hospital, sem terminar o espetáculo, vindo a falecer no dia 14 de junho, de um aneurisma cerebral. Até hoje nenhum ator de teatro recebeu tantas homenagens do público, da imprensa e das autoridades.

José Renato, que havia feito a primeira experiência em arena, sob a orientação do professor e crítico Décio de Almeida Prado, quando era aluno da Escola de Arte Dramática, encenando *O Demorado Adeus,* de Tennessee Williams, decidiu profissionalizar-se com essa forma de espetáculo, muito mais econômica, por permitir o uso de espaços não especializados. Em 1953, ele encenou *Esta Noite É Nossa,* de Stafford Dickens, no Museu de Arte Moderna, instalado no prédio dos Diários Associados, na rua 7 de Abril, reunindo no elenco, profissionalizado, Sérgio Britto, Renata Blaunstein, John Herbert, Monah Delacy e Henrique Becker.

Quanto ao repertório, de início a política do Arena era semelhante à do TBC. Em 1954, estreou Eva Wilma como protagonista de *Uma Mulher e Três Palhaços,* de Marcel Achard. Na temporada seguinte, encenaram-se *Escrever sobre Mulheres,* de José Renato; *A Rosa dos Ventos,* de Claude Spaak; *Não se Sabe Como,* de Pirandello; *À Margem da Vida,* de Tennessee Williams, lançando o diretor José Marques da Costa. Já funcionava, a essa altura, a casa própria do Teatro de Arena, na rua Teodoro Baima, que, após reformas, dispunha de 170 lugares.

A Escola dos Maridos, de Molière, interpretada por Waldemar Wey, vindo do TBC, abriu a temporada de 1956. Pela dificuldade de conduzir sozinho a casa de espetáculos, José Renato trouxe do Rio Augusto Boal, que havia cursado Dramaturgia e Direção na Universidade de Colúmbia, em Nova York. Seu espetáculo de estréia – *Ratos e Homens,* de Steinbeck – foi muito bem recebido.

Essa montagem fundiu, também, o elenco inicial do Arena com o do Teatro Paulista do Estudante, representado por Gianfrancesco Guarnieri e Oduvaldo Vianna Filho. A experiência norte-americana inspirou a Boal, de início, a peça *Marido Magro, Mulher Chata.* José Renato encenou *Enquanto Eles Forem Felizes,* de Vernon Sylvaine. Boal montou, depois, *Juno e o Pavão,* peça admirável de O'Casey, que não teve público. Excursões ajudaram a continuidade do grupo. Sob a direção de Beatriz Segall, o Teatro Paulista do Estudante voltou ao Arena, com *A Almanjarra*, de Artur Azevedo, e *Malazarte*, adaptação de Zulmira Ribeiro Tavares.

José Renato pensou em encerrar as atividades do Arena, tamanhos eram os problemas financeiros. Que o fim, ao menos, fosse com o texto de um ator do grupo. E *Eles Não Usam Black-tie*, de Gianfrancesco Guarnieri, estreado em 1958, não só salvou o Arena como se tornou um marco da dramaturgia brasileira, por tratar do problema social da greve visando ao aumento de salário, em excelente linguagem artística.

Black-tie se manteve em cartaz mais de um ano e provocou a criação de um repertório voltado para as questões nacionais. Essa política determinou a abertura do Seminário de Dramaturgia do Arena, destinado ao estímulo da produção de novas peças brasileiras, bem como de um laboratório de interpretação, para estudo da obra de Stanislávski e dos métodos do Actors' Studio norte-americano, no que pudessem ser adaptados ao nosso palco.

Em 1959, deu-se a estréia de *Chapetuba Futebol Clube*, de Oduvaldo Vianna Filho, com virtudes semelhantes à do lançamento de Guarnieri. *Gente como a Gente*, de Roberto Freire, não foi bem sucedida, e o Arena excursionou ao Interior e acolheu *A Incubadeira*, de José Celso Martinez Corrêa, pelo elenco do Oficina. Continuou o empenho de mostrar a realidade brasileira com *A Farsa da Esposa Perfeita*, de Edy Lima, que se passa na fronteira do Rio Grande do Sul.

Augusto Boal trouxe uma nova conquista para a nossa dramaturgia, com *Revolução na América do Sul*, dirigida por José Renato, em 1960. Preside a comédia o espírito aristofanesco, na análise da realidade política nacional, que aniquila o homem do povo, impotente em face dos desmandos superiores.

O entusiasmo autoral do Arena contagiou dois de seus atores, Flávio Migliaccio e Chico de Assis, que lançaram respectivamente, em 1961, *Pintado de Alegre* e *O Testamento do Cangaceiro*. O protesto social, no caso, não alcançou uma boa qualidade artística, sugerindo o cansaço da fórmula. Boal confiou ao Teatro Oficina, dirigida por Antônio Abujamra, sua peça *José, do Parto à Sepultura*, que não foi dramaticamente bem resolvida, apesar do tema sedutor. O Teatro Experimental do Negro apresentou *Sucata*, texto inconsistente de Milton Gonçalves, ator de mérito.

A seqüência de textos brasileiros foi interrompida pelo Arena, em 1962, com a montagem de *Os Fuzis da Sra. Carrar*, de Brecht, na direção de José Renato. Como o espetáculo não fez boa carreira, voltou ao cartaz *Eles Não Usam Black-tie*. O grupo modificou sua organização societária, em que José Renato era o presidente de honra, participando dela Augusto Boal, Juca de Oliveira, Paulo José, Gianfrancesco Guarnieri e Flávio Império. Boal dirigiu, então, *A Mandrágora*, de Maquiavel.

O elenco do Arena fez excursões e, em 1963, montou em sua sala *O Noviço*, de Martins Pena, e *O Melhor Juiz, o Rei*, de Lope de Vega. O grupo carioca da casa de espetáculos encenou *A Mandrágora*. Simultaneamente, em São Paulo, atuou um elenco de teatro infantil.

Dado curioso de *O Melhor Juiz*: enquanto Lope exalta o poder absoluto do rei, levando-o a punir um aristocrata, para fazer justiça a um camponês, na adaptação esse camponês, não acreditando na justiça, veste o traje real e pune o inimigo, como se fosse o rei. A intenção está mais do que clara.

Gianfrancesco Guarnieri escolheu, em 1964, um problema nordestino, na peça *O Filho do Cão*. Talvez por falta de familiaridade com o tema, o texto não convenceu. Mas *Tartufo*, de Molière, sob a direção de Augusto Boal, se referia ao golpe militar de 1º de abril: a pretensa aliança com a divindade era apenas uma impostura com o povo.

Sucedeu à fase de nacionalização dos clássicos a dos musicais. Muitos nomes de mérito se apresentaram no pequeno espaço do Arena, entre os quais, no espetáculo *Opinião*, Nara Leão, Maria Bethânia, Zé Keti e João do Vale. Ali aconteceu o *one man show A Criação do Mundo Segundo Ary Toledo*. Gilberto Gil, Gal Costa, Tom Zé, Piti e Caetano Veloso criaram *Arena Canta Bahia*. E Maria Bethânia, *Tempo de Guerra*.

Sob o prisma propriamente teatral, *Arena Conta Zumbi*, de Boal e Guarnieri, e música, de Edu Lobo, tornou-se, em 1965, um espetáculo bem realizado. Um acontecimento histórico do passado iluminava a realidade do presente. Em 1966, *O Inspetor Geral*, de Gogol, recebeu uma interpretação nacional e moderna. E *Arena Conta Tiradentes*, também de Boal e Guarnieri, e música de Théo de Barros, Sidney Miller, Caetano Veloso e Gilberto Gil, com cenários e figurinos de Flávio Império, trouxe para o presente um herói do País, além de desenvolver o Sistema Curinga, concebido por Boal, em que cada personagem podia ser vivida por todos os atores, e cada ator se desdobrava na interpretação de vários papéis, ocorrendo fenômeno semelhante ao estranhamento brechtiano, além de enriquecerem o desempenho múltiplas nuanças, e o protagonista, na veste de um só ator, beneficiar-se do efeito da empatia.

O Círculo de Giz Caucasiano, de Brecht, com uma só récita, na Hebraica, e *La Moscheta*, de Angelo Beolco, encerraram a temporada de 1967. Augusto Boal, em 1968, transferiu para o Teatro Ruth Escobar a estréia da *Primeira Feira Paulista de Opinião*, impraticável no reduzido espaço do Arena. Responsabilizaram-se pelos textos seis autores: Lauro César Muniz, com *O Líder;* Bráulio Pedroso, *O Sr. Doutor*; Gianfrancesco Guarnieri, *Animália*; Jorge Andrade, *A Receita*; Augusto Boal, *A Lua Muito Pequena e a Caminhada Perigosa*; e Plínio Marcos, *Verde que te Quero Verde*; e, pelas músicas, Caetano Veloso, Gilberto Gil, Sérgio Ricardo, Edu Lobo, Ary Toledo e Carlos

Castilho. Se, artisticamente, o resultado era desigual, funcionava a vitalidade do conjunto, e entusiasmava o hilariante *sketch* de Plínio Marcos. A Censura havia proibido o espetáculo, mas Cacilda Becker, então presidente da Comissão Estadual de Teatro, leu, antes do primeiro espetáculo, um comunicado, afirmando que o pessoal de teatro, num protesto definitivo contra a Censura de Brasília, praticava um ato de desobediência civil.

No início da década de setenta, mesmo depois de haver participado do Festival Mundial de Teatro, em Paris, o Arena, como núcleo criador, não teve condições de sobreviver. Liga-se a sua glória, indiscutivelmente, à façanha de haver trazido ao primeiro plano a dramaturgia brasileira.

Outro conjunto que enriqueceu o panorama artístico de São Paulo foi o do Teatro Oficina. Seu propósito inicial compreendia o de não profissionalizar-se e manter o caráter de laboratório, apresentando peças de autores brasileiros novos e de estrangeiros considerados não profissionais. A estréia deu-se em outubro de 1958, com a mostra, em espetáculo único, de *A Ponte*, de Carlos Queiroz Teles, e *Vento Forte para Papagaio Subir*, de José Celso Martinez Corrêa, sob a direção de Amir Haddad.

Atuou o grupo em residências e teve êxito autêntico no II Festival Nacional de Teatros de Estudantes, conduzido por Paschal Carlos Magno em Santos. Ali, juntamente com o Centro Acadêmico XI de Agosto, da Faculdade de Direito da USP, encenou *A Incubadeira*, de José Celso, que, segundo o autor, mostra "a tentativa de maturidade de um jovem". Nova montagem registrou-se ainda em 1959: *As Moscas*, de Sartre, sob a direção de Jean-Luc Descaves. Quando o dramaturgo e filósofo visitou São Paulo, em 1960, permitiu que o elenco adaptasse para o palco o roteiro de *A Engrenagem*, tarefa cumprida por José Celso e Augusto Boal (também diretor do espetáculo).

A Vida Impressa em Dólar, de Clifford Odets, profissionalizou em 1961 o grupo. Ainda nesse ano, o Oficina instalou-se na rua Jaceguai, encenando, em dezembro, *José, do Parto à Sepultura*, de Augusto Boal, na montagem de Antônio Abujamra. No primeiro semestre de 1962, subiu à cena *Um Bonde Chamado Desejo*, de Tennessee Williams, com direção de Boal, desempenho de Maria Fernanda no papel de Blanche Dubois e cenário de extraordinária atmosfera de Flávio Império.

A temporada prosseguiu com *Todo Anjo É Terrível*, de Ketti Frings (com base em Thomas Wolfe), sob a direção de José Celso; e *Quatro num Quarto*, de Kataiev, sob a direção de Maurice Vaneau e com desempenho que incluía Ronaldo Daniel, mais tarde diretor da Royal Shakespeare Company, da Inglaterra.

Pequenos Burgueses, de Górki, encenação de José Celso, tornou-se no segundo semestre de 1963, na linha realista, o primeiro marco histórico do Oficina, assinalando-se a presença de Eugênio Kusnet. No segundo semestre de 1964, *Andorra*, de Max Frish, mudou a linha do conjunto ao aproveitar sugestões do "estranhamento" brechtiano. Fora da sua sede, ocupando o Teatro Esplanada, o Oficina levou *Toda Donzela Tem um Pai que é uma Fera*, divertida comédia de Gláucio Gill.

Eugênio Kusnet encenou, em 1965, *Um Caso em Irkurtsk*, de Arbusov, e Emílio Fontana, *Zoo Story*, de Edward Albee, com Raul Cortez e Líbero Rípoli Filho, que também disseram poemas da *beat generation*. Cedida a sua sala, em 1966, para *O Excluso*, de Ari Chen, o Oficina ocupou o palco mais amplo do TBC, com *Os Inimigos*, de Górki, produzido por Joe Kantor, dirigido por José Celso, cenografado por Flávio Império e com música de Chico Buarque de Holanda.

O Rei da Vela, de Oswald de Andrade, publicada em 1937, quando se instalou o famigerado Estado Novo, só teve clima para chegar ao palco em 1967, pois o golpe militar de 1964 ainda cuidava de outras prioridades, antes de importunar o teatro. O diretor José Celso Martinez Corrêa concebeu perfeitamente a sucessão dos três atos em imagens do circo, da revista e da ópera, para concretizar a crítica da realidade brasileira proposta pelo autor, realizando o segundo marco do Oficina.

Estreada no Rio, *Roda Viva*, de Chico Buarque de Holanda, foi trazida para o Teatro Ruth Escobar, sob a direção de José Celso, em 1968. Fernando Peixoto montou *O Poder Negro*, de Leroy Jones, em agosto daquele ano, no Oficina. E, em dezembro, no mesmo palco, José Celso lançou *Galileu Galilei*, de Brecht, uma de suas mais felizes encenações, talvez só superada, na temporada seguinte, pela de *Na Selva das Cidades*.

Num saudável intercâmbio, as companhias cariocas atuaram, com freqüência, em São Paulo. 1948, marcado pela fundação do TBC e da Escola de Arte Dramática, acolheu Dulcina, com *Ana Christie*, de O'Neill; Sérgio Cardoso encabeçou *Hamlet*, de Shakespeare, pelo Teatro do Estudante do Brasil; Henriette Morineau, dirigida por Ziembinski, viveu Blanche Dubois, de *Uma Rua Chamada Pecado* (*Um Bonde Chamado Desejo*), de Tennessee Williams; Bibi e Procópio Ferreira levaram *Divórcio* (A Bill of Divorcement), de Clemence Dane, e *A Pequena Catarina*, de Alfred Savoir; e no ano seguinte Bibi voltou a São Paulo com *Senhora*, adaptação do romance de José de Alencar, e *Minhas Queridas Esposas*, de sua autoria, por ela também dirigida, interpretada e cenografada; Procópio ofereceu de novo *Deus lhe Pague*, de Joracy Camargo, e *Lição de Felicidade*, de Somerset Maugham; Alda Garrido ocupou o Teatro Colombo; e Eva interpretou *Helena*, adaptação do romance de Machado de Assis.

Nova temporada de Dulcina, em 1950, com *O Sorriso de Gioconda*, de Aldous Huxley, e *As Solteironas de Chapéus Verdes*, de Acrement. Olga Navarro teve êxito em *A Endemoniada*, de Karl Schonherr, e *Nina*, de Roussin, ao lado de Fregolente e Luís Linhares. Versátil, Bibi foi a vedete da revista *Escândalo 1950*, dirigida por Chianca de Garcia. Silveira Sampaio inovou a comédia de costumes com *Da Necessidade de Ser Polígamo* e *A Garçonnière de Meu Marido*. Tônia Carrero, Ziembinski e Nelly Rodrigues representaram outra vez em São Paulo, com novo repertório.

Silveira Sampaio teve a simpática iniciativa de atuar na cidade, em 1951, com autores paulistas. De início apresentou *O Impacto*, que escreveu com a colaboração de Clô Prado. Depois, encenou *A Porta*, de autoria dela. E finalmente *O Professor de Astúcias*, de Vicente Catalano. O talento original de Sampaio como diretor e intérprete supria os problemas dos textos.

Outras presenças de 1951 foram as de Alda Garrido, Palmeirim Silva, Raul Roulien, Dulcina (que montou *As Árvores Morrem de Pé*, de Alejandro Casona, para sua mãe, Conchita de Moraes), Eva (com *Bagaço*, de Joracy Camargo), Bibi (na revista, que certamente a preparou para os êxitos das comédias musicais), e Jayme Costa (de sinceridade comovedora em *A Morte do Caixeiro-Viajante*, de Arthur Miller, dirigida por Ester Leão).

Organizou-se em São Paulo um Teatro Experimental do Negro, por iniciativa de Geraldo Campos de Oliveira, inspirado no conjunto congênere do Rio. O Grupo de Teatro Amador de São Paulo, dirigido por Evaristo Ribeiro, lançou Ítalo Rossi e Raymundo Duprat em *A Corda*, de Patrick Hamilton. *Quatro Ilusões*, adaptando *Quatro Raparigas*, dirigida por Marcos Jourdan, atingiu o público, no desempenho de Riva Nimitz. E o Departamento de Cultura da Prefeitura Municipal instituiu um prêmio teatral, julgado por José Geraldo Vieira, Francisco Luiz de Almeida Sales e Ruggero Jacobbi. *Moinho de Ouro*, de Abílio Pereira de Almeida, obteve o primeiro lugar; Nelson Rodrigues e Helena Silveira, o segundo, respectivamente com *A Estrela do Mar* e *A Torre* (cujo destino se desconhece); e *O Céu num Dilema*, de A. C. Carvalho, ficou em terceiro.

A Sociedade Paulista de Comédia, de Madalena Nicol e Ruggero Jacobbi, com o patrocínio da Prefeitura, ofereceu a preços populares, no Municipal, *Arlequim, Servidor de Dois Amos*, de Goldoni, com Jaime Barcelos. Compunham o grupo, também, Vera Nunes, Jackson de Souza, Elísio de Albuquerque e Sérgio Britto.

Vários atores cariocas foram juntar-se aos colegas paulistas: Ludy Veloso, Armando Couto, Nicette Bruno, Paulo Goulart, Eleonor Bruno e Graça Melo. Em 1952, Graça Melo trouxe do Rio para São Paulo um grande sucesso – *Massacre*, de Emanuel Roblès, a que se seguiram *O... Magnífico*, de Crommelinck, e *A Mulher Sem Pecado*, primeira peça de Nelson Rodrigues. Vera Nunes interpretou *Pedacinho de Gente*, de Dario Nicodemi, que aproveitou no elenco dois alunos recém-formados pela EAD, Leo Vilar e Dina Lisboa. Nicette inaugurou, junto à Praia das Bandeiras, um Teatro de Alumínio, com *De Amor Também se Morre*, de Margareth Kennedy. Por motivos urbanísticos, a casa de espetáculos foi desmontada.

Na mesma temporada, Procópio e Bibi retornaram, separadamente, a São Paulo, ela com *Divórcio, Senhora* e *Diabinho de Saias*. Madalena Nicol e Graça Melo levaram *Luciana e o Açougueiro*, de Marcel Aymé. Alda Garrido atuou em *Mme. Sans Gêne*, de Sardou. Ludy Veloso, em *Um Amor de Bruxa*, de Van Druten. Dercy, em *A Túnica de Vênus*. E Jayme Costa, em *Monsieur Brotonneau*, de Flers e Caillavet.

A Companhia Marcos Jourdan, de São Paulo, apresentou *Sétimo Céu*, de Austin String, em que se destacou Riva Nimitz. Rubens Petrilli de Aragão foi recrutado por Nicette Bruno. E Antunes Filho dirigiu a peça infantil de Paulo de Magalhães *Chapeuzinho Vermelho*, com "zelo de minúcias", segundo a crítica.

A Prefeitura Municipal inaugurou, em agosto de 1952, quatro teatros, infelizmente mal projetados: Artur Azevedo, na Mooca; João Caetano, em Vila Clementino; Paulo Eiró, em Santo Amaro; e Leopoldo Fróes, em Vila Buarque. As críticas recebidas desestimularam a construção de mais nove salas.

Dominó, de Gastão Tojeiro, com Jayme Costa, e *A Doce Inimiga*, de André-Paul Antoine, com Dulcina – numa personagem que percorre dos dezoito aos oitenta anos de idade –, foram cartazes de 1953. A atriz prosseguiu a temporada com *Irene*, de Pedro Bloch, e *Chuva*, de êxito permanente. *Volta Mocidade*, de William Inge, pelo Teatro de Equipe, dirigido por Miroel Silveira, teve no elenco Olga Navarro e Graça Melo, responsável também pela encenação, com cenários de Clóvis Garcia.

O carioca Teatro Experimental do Negro, de Abdias do Nascimento, que fez rápida passagem por São Paulo, em 1952, projetou uma grande temporada, no ano seguinte, com subsídio da Prefeitura. Estavam anunciadas quatro montagens, no Teatro São Paulo: *O Imperador Jones*, de O'Neill; *O Filho Pródigo*, de Lúcio Cardoso; *Sortilégio*, de Abdias; e *O Logro*, de Augusto Boal. Mas o programa não se concluiu.

Ingênua Até Certo Ponto, de Hugh Herbert, abriu, no segundo semestre de 1953, o Teatro Íntimo Nicette Bruno, na rua Vitória da capital paulista. Os cartazes sucessivos da sala foram: *Week-end,* de Noel Coward, na vitoriosa estréia profissional de Antunes Filho; e *É Proibido Suicidar-se na Primavera*, de Alejandro Casona, dirigida por Ruy Affonso. *A Calça*, de Sternheim, e *Os Ratos*, de Hauptmann, ocuparam o Pequeno Auditório do Teatro Cultura Artística, sob a responsabilidade de Lotte Sievers, que possuía um teatrinho em sua residência, no bairro da Cantareira. Em setembro, a Companhia Dramática Nacional, pertencente ao Serviço Nacional de Teatro, trouxe para o Teatro Leopoldo Fróes *A Falecida*, de Nelson Rodrigues, na encenação de José Maria Monteiro, com Sérgio Cardoso, Sônia Oiticica, Nydia Licia e Leo Vilar.

A Cia. Vera Nunes levou no Teatro Colombo, hoje desaparecido, *Pancada de Amor*, de Noel Coward, sob a direção de Carla Civelli. E *O Culpado Foi Você*, cujo tema era o divórcio, teve a autoria do deputado Nelson Carneiro.

O teatro ganhava tamanho prestígio que o jornal *O Estado de S. Paulo* decidiu, em 1953, criar o Prêmio Saci (uma estatueta de Brecheret) para os "melhores" do ano. Durante a ditadura, melancolicamente, um editorial infeliz, que não foi escrito pelos proprietários do matutino, representou o pretexto para que alguns artistas devolvessem a láurea, embora ele tivesse prestigiado sempre a atividade dramática. Era natural que o prêmio deixasse de ser conferido.

Durante o ano de 1953, também, São Paulo abrigou o I Congresso Brasileiro de Teatro, destinado a examinar a situação do ator e dos demais profissionais do palco, a aposentadoria, o teatro amador e o infantil, o direito autoral, a censura, a língua falada no teatro e as prosódias regionais.

No mesmo ano, a Comissão do IV Centenário de São Paulo (data comemorada no ano seguinte) atribuiu o Prêmio Martins Pena à peça *E o Noroeste Soprou*, de Edgard da Rocha Miranda, e menções honrosas a *O Faqueiro de Prata*, de Aluísio Jorge Andrade Franco (Jorge Andrade); *Eduardo*, de Augusto Boal; e *A Fronteira d'El Rei*, de Alceu Marinho Rego.

O festejo do IV Centenário provocou a vinda a São Paulo, em 1954, de conjuntos cariocas e estrangeiros. Do Rio, vieram Bibi, com a Cia. de Comédias do Teatro Municipal, Dulcina, Rodolfo Mayer, Morineau e Eva Todor. Bibi apresentou *A Ceia dos Cardeais*, de Júlio Dantas, com Jayme Costa, Manuel Durães e Sérgio Cardoso; e *Sonho de uma Noite de Luar* e *A Casa Fechada*, textos de Roberto Gomes. Dulcina trouxe *O Imperador Galante*, de Raimundo Magalhães Júnior. Rodolfo Mayer optou por *Obrigado pelo Amor de Vocês*, de Edgard Neville. Eva, Morineau (com Fernanda Montenegro) e Dercy Gonçalves completaram a participação carioca.

A Filha de Iório, de D'Annunzio, sob a direção de Ruggero Jacobbi e com cenário de Aldo Calvo, representou a homenagem da coletividade italiana, sendo gratuitos os ingressos. Reunia o elenco, nos principais papéis, Cacilda Becker, Sérgio Cardoso, Nydia Licia e Dina Lisboa.

O Teatro Íntimo Nicette Bruno principiou 1954 com *Brasil Romântico*, reunindo, sob a direção de Ruggero Jacobbi, *Lição de Botânica*, de Machado de Assis, e *O Primo da Califórnia*, de Joaquim Manuel de Macedo. Prosseguiram a temporada *Ingenuidade*, de Van Druten, sob a direção de Madalena Nicol, e *Amor x Casamento*, de Maxwell Anderson. Por dificuldades diversas, a sala encerrou suas atividades no ano seguinte. Em 1954, Ludy Veloso atuou no Cultura Artística e Madalena Nicol reuniu novo grupo, no Leopoldo Fróes.

Certamente graças à efervescência provocada pelo IV Centenário, 1954 importou em outros benefícios para o teatro. Sérgio Cardoso iniciou o projeto de remodelação do Cine-Teatro Espéria (que hoje ostenta o seu nome), e estreou no Leopoldo Fróes *Lampião*, de Rachel de Queiroz. O interesse pela dramaturgia brasileira estimulou-o a escolher, como peça seguinte, *Sinhá Moça Chorou*, de Ernani Fornari.

Lotte Sievers, Eloy Artigas, Ricardo Sievers, Eudinyr Fraga e Milton Baccarelli saíram do teatrinho da Cantareira, para exibir-se, às segundas-feiras, no TMDC. O Serviço Social do Comércio deu guarida a um Grupo Permanente de Teatro e Carla Civelli manteve o Teatro das Segundas-feiras, com Pirandello e Andreiev. Constituiu-se um Teatro Permanente da Criança, com Carlos Cotrim e mais tarde com a própria Carla.

Evaristo Ribeiro, Oswaldo Pizani, Vicente Scrivano, Moisés Leirner, Coelho Neto e Osmar Rodrigues Cruz, depois que os primeiros grupos amadores foram incorporados ao TBC, criaram novos. O I Festival de Teatro Amador, por eles empreendido, mereceu elogios, tanto pelo nível dos espetáculos como pela escolha dos textos. O repúdio à censura prévia das peças, abolida pela Constituição de 1988, foi um dos temas de um Congresso de Teatro, ligado ao Congresso Internacional de Escritores.

Silveira Sampaio, com *Deu Freud Contra e Sua Excelência em Vinte e Seis Poses*; Bibi, com *Srta. Barba Azul*, de Gabor Dregely; e Dulcina, com *Os Inocentes* (adaptação da novela de Henry James, feita por William Archibald), e *Vivendo em Pecado*, de Terence Rattigan – vieram de novo a São Paulo, em 1955.

Nesse ano, Ruy Affonso, Felipe Wagner, Ítalo Rossi e Rubens de Falco iniciaram a prática de coros falados, com uma seleção de poemas de Fernando Pessoa, apresentada por Adolfo Casais Monteiro. Abriram-se o Teatro Natal, com *Esta Noite Choveu Prata*, monólogo de Pedro Bloch, interpretado por Procópio; e o Teatro dos Novos Comediantes, que depois de instalado na rua Quirino de Andrade, se transferiu para a rua Jaceguai, tendo como primeira apresentação o ensaio geral de *Anfitrião*, de Plauto, sob a direção de K. N. Charatsaris. Esse TNC se transformará, mais tarde, no Teatro Oficina.

Um festival e um congresso de teatro amador estiveram entre as realizações, ainda, do ano de 1955, data da primeira concessão do Prêmio Governador do Estado.

Por iniciativa da Associação Paulista de Críticos Teatrais, que abrangeu depois as demais artes, o Governo do Estado, entre outras medidas de apoio à atividade cênica, instituiu em 1956 a Comissão Estadual de Teatro, destinada sobretudo a amparar o teatro cultural, com o objetivo de estendê-lo a maiores camadas da população.

O Teatro da União Paulista de Estudantes Secundários, sob a direção de Flávio Rangel, que se imporia profissionalmente como um dos nossos melhores encenadores, apresentou *Do Mundo Nada se Leva*, de Moss Hart. E veio a São Paulo o grupo carioca O Tablado, para oferecer *Pluft, o Fantasminha*, de autoria de sua diretora Maria Clara Machado.

Em 1957, o Teatro Paulista de Comédia estreou *Casal 20*, de Miroel Silveira. Nicette Bruno e Paulo Goulart interpretaram *Os Amantes*, de Samuel Rawet, e *Ingenuidade*, de Van Drutten. E o Teatro Experimental do Negro deu a conhecer *O Mulato*, de Langston Hughes.

O grande acontecimento do ano foi a revelação, no Sul, do *Auto da Compadecida*, do paraibano Ariano Suassuna, pelo Stúdio Teatral, sob a direção de Hermilo Borba Filho. Outros elencos retomaram, nos anos seguintes, o texto, um dos mais representativos do repertório brasileiro. Ainda em 1957, Barbosa Lessa dedicou-se ao teatro folclórico. *Morte e Vida Severina*, belo poema dramático de João Cabral de Melo Neto, chegou ao palco no desempenho do Coral Falado da Universidade de São Paulo, dirigido por Ruy Affonso. E Le Strapontin encenou *A Prostituta Respeitosa*, de Sartre, com Maria Fernanda e Jean-Luc Descaves.

Com a sua proverbial estupidez, a Censura quis interditar, nesse ano, três espetáculos: *Édipo*, de Sófocles, com o Teatro Universitário, sob a direção de Claude-Henri Frèches; *Sortilégio*, de Abdias do Nascimento, levado uma só noite, no Municipal; e *Perdoa-me por me Traíres*, de Nelson Rodrigues.

O Pequeno Teatro de Comédia lançou-se, em 1958, com *O Diário de Anne Frank*, adaptado para o palco por Frances Goodrich e Albert Hackett, sob a direção de Antunes Filho, que montou, em seguida, *Alô... 36-5499*, de Abílio Pereira de Almeida. O Teatro Moderno de Comédia, de Dercy Gonçalves e seu marido Danilo Bastos, principiou com *Society em Baby-doll*, de Henrique Pongetti. Veio a seguir *A Valsa dos Toureadores*, de Anouilh, sob a direção de Augusto Boal; *Juventude Sem Dono*, de Michael Vincente Gazzo, na montagem de Flávio Rangel; e *O Marido Confundido*, de Molière, sob a responsabilidade de Ruggero Jacobbi. E o Teatro Experimental do Negro comemorou o 70º aniversário da Abolição reunindo *Laio se Matou*, de Augusto Boal, e o Teatro Popular Brasileiro, de Solano Trindade.

O Serviço Social da Indústria criou, em 1959, um elenco permanente, incumbido de fazer teatro, de graça, para os trabalhadores e o povo. Ocorreu a estréia com *A Torre em Concurso*, de Joaquim Manuel de Macedo, sob a direção de Osmar Rodrigues Cruz. Dália Palma e Rubens de Falco fundaram a Companhia Brasileira de Comédia, iniciada com *A Folha de Parreira*, de Jean-Bernard Luc, encenação de Sérgio Viotti. Na mesma temporada, Haydée Bittencourt dirigiu para o elenco *Mulheres do Crepúsculo*, de Sylvia Hayman. *Plantão 21*, de Sidney Kingsley, sob a direção de Antunes Filho, trouxe seu maior êxito. Paschoal Carlos Magno promoveu, na cidade de Santos, o II Festival Nacional de Teatros de Estudantes.

Na temporada de 1960, o Pequeno Teatro de Comédia alcançou o prestígio dos nossos melhores grupos. *A Ilha Nua*, de J. O. Souza, sob a direção de Amir Haddad, foi sucedida, no cartaz, por *Doce Pássaro da Juventude*, de Tennessee Williams, sob a direção de Ademar Guerra, e *As Feiticeiras de Salém*, de Arthur Miller, sob a direção de Antunes Filho.

Ruth Escobar dirigiu com o Grupo Rotunda, em 1960, o Festival Branco e Preto, reunindo poemas de vários autores; e formou, com o diretor Alberto D'Aversa, o Novo Teatro, que encenou *Mãe Coragem*, de Brecht. Já o Pequeno Teatro Popular excursionou por cinco mil quilômetros do Interior do Estado, com *O Doente Imaginário*, de Molière, dirigido por Jean-Luc Descaves. O Teatro do Rio apresentou, em São Paulo, *A Falecida*, de Nelson Rodrigues, e *O Prodígio do Mundo Ocidental*, de Synge, sob a direção de Ivan de Albuquerque.

O Teatro Popular do Sesi retornou ao cartaz, em 1960, montando *O Fazedor de Chuva*, de Richard Nash, sob a direção de Osmar Rodrigues Cruz. *Geração em Revolta* (Look Back in Anger), de John Osborne, teve encenação de Adolfo Celi. *Exercício Para Cinco Dedos*, de Peter Shaffer, foi montado pela Cia. Brasileira de Comédia, que lutou para liberar, em seguida, *Boca de Ouro*, de Nelson Rodrigues.

O Teatro de Arte Israelita-Brasileiro foi inaugurado, em outubro de 1960, com *O Menino de Ouro*, de Clifford Odets, sob a direção de Amir Haddad. O Novo Teatro lançou, em 1961, *Os Males da Juventude*, de Ferdinand Brukner, sob a direção de Alberto D'Aversa. O mímico Ricardo Bandeira criou *O Show Sou Eu* e *Trapalhadas de Carlitos*. O TAIB estreou *Histórias para Serem Contadas*, do argentino Oswaldo Dragun. O Pequeno Teatro Popular montou *Os Namorados*, de Goldoni, sob a direção de Olga Navarro. Formado em Santos, o Teatro Contemporâneo Paulista lançou profissionalmente, na peça *Fim da Humanidade*, de Gláucio de Salle, o ator e diretor Plínio Marcos, que se tornaria anos depois um dos maiores dramaturgos brasileiros.

Tia Mame, de Jerome Lawrence e Robert E. Lee, e a remontagem de *Chuva*, de Somerset Maugham, que já havia alcançado duas mil representações, marcaram a volta de Dulcina a São Paulo, em 1962. Fernanda Montenegro apresentou seu Festival de Comédia, com peças em um ato de Cervantes, Molière e Martins Pena. A mímica de Ricardo Bandeira mostrou, dessa vez, *Um Americano em Moscou*. O Teatro Popular Brasileiro e o Teatro Experimental do Negro de São Paulo optaram por um festival popular nacional, com músicas de dança, canto, poemas, pregões e mímica, intitulado *Flor Amorosa de Três Raças*. João Rios levou, às segundas-feiras, *A Respeitosa*, de Sartre, dirigida por Olga Navarro. De autoria de Nino Nello e Jean Cocquelin é a peça *Tempos Modernos*, levada em Santo André. Antônio Abujamra dirigiu *Antígone América*, de Carlos Henrique Escobar. *Sorriso de Pedra*, de Pedro Bloch; *Revolução dos Beatos*, de Dias Gomes; e *A Beata Maria do Egito,* de Rachel de Queiroz, são outros textos divulgados na temporada. E Gianni Ratto dirigiu o musical *Boa Noite, Betina.*

O Grupo Decisão atuou, em 1963, com *Sorocaba, Senhor,* baseado em Lope de Vega. Veio, a seguir, *Terror e Miséria do III Reich.* Outros cartazes foram *O Dibuk,* de An-Ski e *A Cegonha se Diverte,* de Roussin. O Rio contribuiu com *Oito Mulheres,* de Robert Thomas; *Família Pouco Família,* com Aurimar Rocha; e a versão brasileira do musical norte-americano *My Fair Lady,* no desempenho de Bibi Ferreira, Paulo Autran e Jayme Costa como protagonistas.

A cidade de São Paulo passou a contar com mais quatro salas: o Teatro Aliança Francesa, o Esplanada, o Líder e o Teatro da Hebraica. O Aliança inaugurou-se com um show, em que tomaram parte Ruth de Souza, Nathalia Timberg, Jô Soares, Sérgio Cardoso e Tônia Carrero. *O Bem Amado,* de Neil Simon, em tradução de Carlos Lacerda, abriu o Esplanada. O Teatro Líder tinha sessões contínuas, das 12 às 24 horas, com *Assim É Paris* e *Bom Mesmo É* Strip-tease.

Ruth Escobar ergueu o seu teatro em 1964. O conjunto, que tem o seu nome, passou a contar, mais tarde, três salas: Sala Gil Vicente, Sala Dina Sfat e sala Myriam Muniz. A primeira a funcionar foi a Gil Vicente, aberta com *A Ópera de Três Vinténs,* de Brecht-Weill, sob a direção de José Renato. O Teatro Nacional Popular, outra iniciativa da atriz-empresária, utilizou certo tempo um papa-filas adaptado, que percorria os bairros com *A Pena e a Lei,* obra-prima de Ariano Suassuna, encenada por Antônio Abujamra.

Atores paulistas, dirigidos por Carlos Kroeber, incumbiram-se de interpretar a produção carioca de *Boeing-boeing,* de Camoletti, trazida pelo produtor Oscar Ornstein, que promoveu a ida a Nova York dos diretores Maurice Vaneau e Ziembinski, não para reproduzirem no Brasil as montagens norte-americanas de *Qualquer Quarta-feira* e *Descalços no Parque,* mas para estudarem os motivos de seu êxito, segundo declarou.

Num programa de excursão pelo País, Dulcina apresentou, em São Paulo, *Você Pode Ser um Assassino,* de Alfonso Paso. *O Ovo,* de Felicien Marceau, teve montagem em português. O conjunto Malungo fixou-se em manifestações afro-brasileiras. O Teatro de Amadores de Pernambuco, dirigido por Waldemar de Oliveira, retornou a São Paulo, com *Um Sábado em Trinta,* de Luiz Marinho. Zeloni nacionalizou a farsa napolitana *Procuro Viúvas. Amor a Oito Mãos,* de Pedro Bloch, teve desempenho de Glória Menezes e Tarcísio Meira. E foi encenada nova peça de Abílio Pereira de Almeida: *Círculo de Champanhe,* com personagens da sociedade.

Vindo do Rio, Teófilo Vasconcelos ofereceu sua peça *Tocata em Fuga de um Rei Menor,* às voltas com o golpe de 1964. Flávio Rangel escolheu um elenco em que figuravam Paulo Autran, Eva Wilma, Luís Linhares, Gianfranceco Guarnieri e outros, para dirigir *A História do*

Soldado, com música de Stravínski e coreografia de Aída Slon. Outras realizações de 1964: *Balanço de Orfeu*, de Antônio Carlos Foz; e *Brasil de Abril a Abril*, em que personagens políticas surgem em mímica.

O Reco-Reco, de Charles Dyer, dirigido por Walmor Chagas, foi levado em 1965. Jô Soares encenou *Soraia, Posto 2*, de Pedro Bloch, e *O Casamento do Sr. Mississipi*, de Dürrenmatt. *O Caso Oppenheimer*, de Heinar Kipphardt, obedeceu à direção de Jean-Luc Descaves. Novos grupos, não obstante o golpe do ano anterior, comprovam a vitalidade do palco. O casal Elizabeth e Sebastião Ribeiro, associado a Joe Kantor, responsabilizou-se por *A Grande Chantagem*, de Clifford Odets. Antunes Filho, no Teatro da Esquina, aventurou-se com sucesso em *A Megera Domada*, de Shakespeare.

Proibidos de protestar abertamente contra o golpe, os universitários valeram-se da linguagem metafórica do palco. O Teatro da Universidade Católica de São Paulo recorreu a *Morte e Vida Severina*, de João Cabral de Melo Neto, com música de Chico Buarque de Holanda e sob a direção de Silnei Siqueira. Ao participar do Festival de Nancy, na França, em 1966, o espetáculo recebeu o Grande Prêmio para "tema livre", e a convite de Jean-Louis Barrault, figurou no Festival Internacional de Teatro, no Teatro das Nações de Paris.

Liberdade, Liberdade, de Flávio Rangel e Millôr Fernandes, sob a direção do primeiro, era uma catarse para o público, em tempo tão sombrio. Outras realizações do ano foram *Estêvão sem Sobrenome*, de Jurandyr Pereira, e *Ritual das Águas de Oxalá e Candomblé da Bahia*, do Grupo Folclórico Malungo, com texto e direção de Nilson Moura e Maria Luíza. *A Escada*, do dramaturgo paulista Jorge Andrade, com o Teatro Nacional D. Maria II, sob a direção de Henriette Moríneau, foi muito bem recebida em Lisboa.

Nove autores chegaram a firmar um manifesto, em 1966, denunciando a prática de empresários de valorizar os dramaturgos estrangeiros, em detrimento dos brasileiros, transgredindo inclusive a lei 1.565, de 3 de fevereiro de 1952, que estabelecia a obrigatoriedade da representação de uma peça nacional, para duas estrangeiras.

Na temporada de 1966 sobressaíram *Oh: que Delícia de Guerra*, de Joan Littlewood, encenada por Ademar Guerra, e *Se Correr o Bicho Pega, Se Ficar o Bicho Come*, de Oduvaldo Vianna Filho e Ferreira Gullar, dirigida por Gianni Ratto.

As Fúrias, de Rafael Alberti, teve direção de Antônio Abujamra. *Os Trinta Milhões do Americano*, de Labiche, obedeceu à batuta de Jô Soares. A Sociedade Paulista de Comédia empresou *A Infidelidade ao Alcance de Todos*, de Lauro César Muniz, dirigida por Walter Avancini. Um novo Grupo Teatral do Negro montou *Blues para Mr. Charlie*, de James Baldwin, sob a responsabilidade de Carlos Murtinho, que dirigiu também o Teatro de Pesquisa na comemoração do centenário de nascimento do compositor Eric Satie. *O Sistema Fabrizzi, boulevard* de Albert Hussein, foi encenado por Vaneau.

Sintoma evidente da expansão da atividade cênica deve ser considerada a abertura de cinco novas salas na cidade, em 1966. São elas o Auditório Itália, o Teatro Municipal de Santo André (na Grande São Paulo), o Teatro Gazeta, o Ponto de Encontro e o Teatro das Nações. Cabe mencionar que o Teatro Gazeta foi inaugurado com *Pedreira das Almas,* de Jorge Andrade, pelo Teatro do Onze; e *Autobiografia Precoce*, de Evtuchenko, no desempenho de Ricardo Bandeira, abriu o Ponto de Encontro.

O TAIB alcançou um dos seus maiores sucessos com *Manhãs de Sol*, de Oduvaldo Vianna, com o elenco do Sesi, dirigido por Osmar Rodrigues Cruz. A estréia do jornalista Bráulio Pedroso como dramaturgo deu-se com a peça *O Fardão*. E Ruth Escobar empresou *Júlio César*, de Shakespeare, em tradução de Carlos Lacerda e sob a direção de Antunes Filho.

O teatro universitário, que recebeu expressivo apoio da Comissão Estadual de Teatro, expandiu-se muito, em 1966. O Teco, de alunos do Colégio Santo Agostinho, apresentou *O Homem-Laboratório para um Espetáculo*, sob a direção de Odavlas Petti. O Tese (Teatro da Faculdade Sedes Sapientiae) encenou *As Troianas*, de Eurípides, e o Tema (Teatro Mackenzie), com saudável audácia, mobilizou 38 alunos e uma orquestra de dez elementos, para realizar *A Capital Federal*, de Artur Azevedo.

É curioso lembrar que o maior acontecimento de 1966 – a estréia de *Dois Perdidos Numa Noite Suja*, de Plínio Marcos – não teve, de início, nenhuma repercussão, talvez porque o espetáculo estreasse no Ponto de Encontro (na Galeria Metrópole). Transferido depois para o Teatro de Arena, sob a direção de Benjamin Cattan, ele foi melhor avaliado. Plínio inspirou-se num conto de Moravia e sua crueldade se distancia do lamento autopiedoso de *Zoo Story*, de Edward Albee.

1967 assinalou diversas montagens de mérito: *O Rei da Vela,* finalmente atribuindo a maior importância à dramaturgia de Oswald de Andrade, sob a direção de José Celso Martinez Corrêa; *Marat/Sade*, de Peter Weiss, sob a direção de Ademar Guerra; *Arena Conta Tiradentes*, de Boal e Guarnieri; *O Homem do Princípio ao Fim,* de Millôr Fernandes; *Black-out*, de Frederick Knott, sob a direção de Antunes Filho; *Édipo-Rei*, de Sófocles, protagonizado por Paulo Autran, sob a direção de Flávio Rangel; *Boa Tarde, Excelência*, de Sérgio Jockyman; *O Santo Inquérito*, de Dias Gomes; *Uma Certa Cabana*, de André Roussin; *Esta Noite Falamos de Medo*, de Nydia Licia; *A Farsa da Esposa Perfeita*, de Edy Lima; *O Versátil Mr. Sloane*, de Joe Orton; e muitas outras.

Mas será justo reconhecer que 1967 ficou assinalado como o ano de Plínio Marcos. Chegaram ao palco quatro peças suas: *Quando as*

Máquinas Param, que ele dirigiu; *Homens de Papel,* sob a direção de Jairo Arco e Flexa; nova montagem de *Dois Perdidos Numa Noite Suja;* e, por último, *Navalha na Carne,* que Jairo Arco e Flexa também encenou.

Ruth Escobar deu relevo à temporada de 1968 ao confiar ao argentino Victor Garcia a montagem de *Cemitério de Automóveis,* de Arrabal, que ele havia lançado na França. Compunham o espetáculo quatro textos do dramaturgo espanhol: a peça que lhe deu o título, *Oração, Os Dois Carrascos* e *Primeira Comunhão.*

Antônio Bivar escreveu a obra brasileira mais expressiva daquele ano: *Cordélia Brasil,* fantasia poética e até mesmo absurda, dirigida por Emílio di Biasi. *Abre a Janela e Deixa Entrar o Ar Puro e o Sol da Manhã,* também de Bivar, não teve o mesmo êxito.

Outros espetáculos do ano: *A Moreninha,* de Macedo, em adaptação de Miroel Silveira; *O Cinto Acusador,* de Martins Pena, sob a direção de Benedito Corsi; *O Clube da Fossa,* de Abílio Pereira de Almeida, dirigida por Fredi Kleemann; e *Marta Saré,* de Gianfrancesco Guarnieri, história de uma nordestina que se prostitui na cidade grande.

Sucesso indiscutível tiveram, em 1968, *A Cozinha,* de Arnold Wesker, sob a direção de Antunes Filho; *A Volta ao Lar,* de Harold Pinter, na encenação de Fernando Torres; *O Burguês Fidalgo,* de Molière, que Ademar Guerra dirigiu; *Electra,* de Sófocles, sob a direção de Theresa Aguiar; *Agamenon,* de Ésquilo, sob a direção de Maria José de Carvalho; *Quarenta Quilates,* de Barillet e Grédy, sob a direção de Henriette Morineau; *Dois na Gangorra,* de William Gibson, produção de Joe Kantor; e não se pode omitir que Fernanda Montenegro, além do excelente desempenho de *A Volta ao Lar,* interpretou com brilho, também, *A Mulher de Todos Nós* (*A Parisiense*), de Henri Becque.

O Teatro da Cidade, de Santo André, abriu-se em 1968, com *George Dandin,* de Molière, dirigido por Heleny Guariba. O grande cenógrafo Flávio Império experimentou a direção com *Os Fuzis de Dona Tereza* (*Os Fuzis da Sra. Carrar*), de Brecht, formando o elenco universitários de São Paulo.

O Teatro Popular Brasileiro, dirigido por Solano Trindade, comemorou num espetáculo especial o 80º aniversário da abolição da escravatura; o 32º aniversário da morte do dramaturgo e poeta espanhol García Lorca foi evocado no palco; e Eduardo Curado dirigiu *Portugal, Seu Teatro e Sua Poesia.*

À guisa de conclusão, cabe ressaltar, com orgulho, que o fatídico Ato Institucional n. 5, de 13 de dezembro de 1968, que procurou mergulhar em trevas o País, não conseguiu abater a dignidade nem a coragem da gente de teatro.

23. Teatro, São Paulo, 1984

Os deuses da democracia incipiente foram benéficos ao teatro paulista, na temporada de 1984. Não que a liberdade, vencida a Censura obtusa, tivesse enfim inspirado grandes textos brasileiros, sem a obrigação de recorrer à metáfora. O clima de otimismo que se instalou no País trouxe natural animação ao palco. Todo mundo sentiu necessidade de criar – e bem.

Da centena de produções, poucas representam alento novo, como em qualquer centro internacional. Importa sobretudo o nível médio das realizações. Desse ponto de vista, houve muitos lançamentos apreciáveis. Numa resenha, não cabe mencioná-los. Fica apenas o registro do fato.

Ainda no ano passado, o trabalho pioneiro, em conjunto, ficou por conta do encenador Antunes Filho e de seu grupo Macunaíma, que recebe o apoio do Serviço Social do Comércio. *Macunaíma*, adaptação da "rapsódia" de Mário de Andrade, e *Nelson 2 Rodrigues*, reunindo *Álbum de Família* e *Toda Nudez Será Castigada*, não representaram meras remontagens. Os espetáculos originais foram reestruturados e a visão de Nelson atingiu um apuro, uma síntese, um acabamento que a valorizaram sobremaneira. Estréia completa aconteceu com *Romeu e Julieta*, um Shakespeare jovem, emotivo, romântico, ao som dos Beatles. Gostarmos dele poderia parecer coisa de teatro sem tradição. O calor da acolhida européia comprova que a sensibilidade espontânea funciona mais que as elucubrações eruditas e frias.

Outra experiência de grande merecimento: *Artaud, O Espírito do Teatro*, seleção de textos do autor de *O Teatro e Seu Duplo*, feita por José Rubens Siqueira e dirigida por Francisco Medeiros, numa iniciativa da Cooperativa Paulista de Teatro. Apesar do inevitável número de palavras, escolhidas em meio à vasta obra, podia-se sentir, pela primeira vez, a realidade do pensamento desse visionário, que intuía a importância de uma comunicação física e não apenas literária da arte autônoma do palco.

Só agora os nossos autores se estão descondicionando do espectro da Censura, que fez Gianfrancesco Guarnieri afirmar que, no período ditatorial, escreveu um "teatro de ocasião". Como a elaboração dramatúrgica implica longa vivência dos temas, não tinha sentido acreditar que os tempos liberais produzissem frutos imediatos. 1984 trouxe ao menos um texto muito significativo: *De Braços Abertos*, de Maria Adelaide Amaral. E, no reencontro do casal de amantes, cinco anos depois do rompimento, aflora o microcosmo político, tão decisivo na condução de suas vidas. Foi no ano passado, também, que o público pôde conhecer *Mão na Luva*, valiosa peça de Oduvaldo Vianna Filho, mantida inédita quase duas décadas, e que, por coincidência, trata também dos desencontros de um casal. A platéia paulista, estranhamente, não prestigiou o bonito espetáculo, que acabou obtendo o merecido sucesso no Rio.

Chegaram a São Paulo, na última temporada, *As Lágrimas Amargas de Petra von Kant*, de Fassbinder, e *Piaf*, de Pam Gems, prolongados êxitos cariocas. Mais uma vez a razão principal do triunfo veio, por certo, da presença de dois monstros sagrados – Fernanda Montenegro, no primeiro espetáculo, e Bibi Ferreira, no segundo. Em 1984, até o *vaudeville* de Feydeau foi bem-servido, tanto na encenação de *O Peru* como de *Com a Pulga Atrás da Orelha*.

A redemocratização do Brasil deu o impulso inicial para a vitalidade que o teatro redescobre hoje. A euforia da liberdade está animando os primeiros passos criadores. Sabe-se, porém, que ela não é suficiente. O governo ditatorial substituiu, nos últimos anos, com inteligência, a censura ética e política pela econômica. A miséria imposta à população pelo banditismo oficial não pouparia o teatro, apesar da inequívoca honorabilidade dos dirigentes do setor. É preciso que o Estado retome o dever de amparar a atividade cênica, preceito consagrado até na Constituição fascista de 1969. A partir de agora, o teatro tem o direito de reivindicar verbas expressivas e não esmolas do novo Ministério da Cultura e dos governos estaduais.

24. Descartes e Pascal

Pergunto-me qual o sentido de se apresentar, no Brasil, *O Encontro de Descartes com Pascal,* e verifico haver mais de um. O primeiro diz respeito à quase obrigatoriedade de se mostrar ao maior número possível de espectadores, em todo o mundo, as obras que trouxeram alguma contribuição, quando de sua estréia, e a de Jean-Claude Brisville pertence a essa categoria. Em Paris, sob a direção de Jean Pierre Miquel e no desempenho de Henri Virlogeux e Daniel Mesguich, ela foi bem recebida pela crítica e pelo público, percorrendo depois toda a França. E o encenador, antes de viajar para o Rio, onde assina a montagem brasileira, em tradução de Edla van Steen e com Ítalo Rossi e Daniel Dantas, responsabilizou-se também pelo espetáculo do Teatro Nacional da Bélgica.

Sem reduzir, sob nenhum prisma, o mérito do texto, creio que ele repousa basicamente num achado: o de dramatizar o encontro ocorrido entre Descartes e Pascal, em Paris, no dia 24 de setembro de 1647. Brisville imaginou o diálogo que se teria travado entre essas duas figuras essenciais do pensamento francês e humano, e, mais que isso, resolveu-o em termos indiscutivelmente dramáticos.

Desde as palavras iniciais, sente-se que está em jogo um sólido conflito. Pascal vai buscar, junto a Descartes, apoio para Port-Royale e os jansenistas, e o autor do *Discurso sobre o Método* o nega. Em contrapartida, Descartes não consegue que Pascal prossiga suas pesquisas científicas, e mostra menosprezo por certos debates teológicos, em face da prática real da bondade. Ele havia sido salvo por Padre

Santo Ângelo, e não deu atenção às bobagens ouvidas sobre mistérios religiosos. Já Pascal, depois de escutá-lo, denunciou-o por heresia. Descartes não acredita que a religião tenha ganho com o sacrifício imposto ao padre, a ponto de torná-lo mendigo.

No conflito entre os protagonistas, talvez esteja embutida a luta fundamental entre a razão e a paixão, encarnadas respectivamente por Descartes e Pascal.

Desse ponto de vista, não só por ter renunciado a publicar um trabalho de três anos sustentando a opinião de Copérnico sobre o movimento da Terra em torno do Sol, a personagem Descartes se aparenta ao Galileu brechtiano... E o jovem Pascal, angustiado e doente, vive a agonia da procura de divindade.

Brisville, entretanto, não faz a peça para divulgar ou vulgarizar o pensamento de dois filósofos. Vê-se que ele conhece profundamente suas obras, e é a intimidade com elas que lhe permite criar as personagens. Em nenhuma cena o autor se deixa vencer por debates teóricos, e as posições antagônicas nascem de problemas objetivos propostos. *O Encontro* não ilustra, mas ilumina para a platéia o pensamento de dois grandes homens.

Patrimônio da humanidade, esse pensamento é mais facilmente absorvido pelo público francês, com ele familiarizado desde os bancos escolares. Mas não está aí motivo para que a peça deixasse de chegar até o espectador brasileiro. Sabe-se que um filme ou uma telenovela freqüentemente convertem em *best-seller* o romance em que se inspiraram. É de se segurar que *O Encontro* estimule a leitura de Descartes e Pascal entre nós.

Outro sentido para a estréia brasileira de Brisville se encontra no desafio que ela representa em meio ao nosso panorama teatral. Sempre defendamos a diversidade dos cartazes, como signo de maturidade. Um palco adulto vai dos clássicos aos contemporâneos, da tragédia ao *boulevard*. Acontece que, no Brasil da última década, possivelmente em virtude da falta de amparo governamental, o teatro se foi acomodando a um gosto mais digestivo. Nas duras condições em que atuamos, tão diferentes do generalizado subsídio europeu ao teatro cultural, é verdadeiro heroísmo fugir à rotina do ligeiro. Representa um ato de fé numa dramaturgia difícil, radical, encenar o texto de Brisville. E ele se justifica mais, nos nossos dias, quando os diretores procuram de todas as formas alargar as fronteiras cênicas, não confinando-as ao conceito convencional da peça bem-feita.

Reconhecemos todos que a renovação do moderno espetáculo nacional se deve a Ziembinski e aos italianos que fundaram o Teatro Brasileiro de Comédia de São Paulo. Fenômeno de pouco mais de quatro décadas. Em certo momento, sentimos necessidade de nacionalizar o nosso teatro, para que ele não parecesse produto de importação. Afirmou-se, nesse trilha, uma nova geração de encenadores e dramaturgos brasileiros. A postura nacionalista mostrou-se necessária para que superássemos o complexo de colonizados.

Agora, predominam nos cartazes do Rio e de São Paulo encenações e textos brasileiros. Nada autoriza um juízo de inferioridade. Com essa certeza, podemos abrir-nos naturalmente a um diálogo com o estrangeiro. Além de receber elencos vindos dos mais distantes países, Paris abriga, no seu cotidiano, nomes como o inglês Peter Brook, o italiano Strehler, o alemão Grüber, os argentinos Jorge Lavelli, Alfredo Arias e Jérome Savary (Victor Garcia, infelizmente, morreu muito jovem), e o brasileiro Augusto Boal. Essa contribuição, ao invés de colonizar o teatro francês, dá-lhe o emblema de centro internacional, o mais rico de que se tem notícia.

Na mesma ordem de raciocínio, o convite a Jean-Pierre Miquel para realizar o espetáculo brasileiro de *O Encontro* prova que não precisamos mais escudar-nos em estreito nacionalismo. Foi ele quem explicitou, na versão original, os valores latentes do texto. Permitir que renove a experiência, e por certo a enriqueça com novas descobertas, é prova da abertura artística.

Jean-Pierre Miquel parece-me o encenador indicado para a exigente tarefa. Dono de séria formação cultural, ele enfrenta o tema com inteiro domínio. Não lhe falta a dimensão didática, dada pelo cargo que brilhantemente ocupa de diretor do Conservatório Nacional Superior de Arte Dramática de Paris. Afeito ao rigor, distante dos brilhos fáceis de determinadas invenções cênicas, jamais consentiria que a obra de Brisville se deturpasse em mero exercício do espírito. Confiando precipuamente no desempenho, Miquel deu a *O Encontro*, em Paris, o melhor rendimento.

No livro *Le Théâtre et les Jours...*, em que reflete sobre a sua prática teatral, Jean-Pierre Miquel, depois de confessar-se discípulo de Jean Vilar e Roger Planchon, acrescenta:

> Minha evolução como encenador foi a de passar de um tipo de repertório de preferência épico e histórico a um repertório intimista. [Por quê? O desencanto de toda sua geração] em face do malogro do teatro de objetivo histórico, do teatro de tomada de consciência, do teatro que pretende representar um papel na sociedade ou na evolução política. Compreendi que se poderia talvez influir no indivíduo muito mais do que na história.

A escolha de *O Encontro de Descartes com Pascal* participa, sem dúvida, desse raciocínio.

Não se pode omitir uma última razão que justifica a montagem: ela se inscreve no Projeto França-Brasil, iniciativa destinada a estreitar os laços entre os dois países. Nosso intercâmbio artístico e cultural, realidade histórica incontestável, conheceu períodos intensos e outros de quase indiferença. A França fecundou momentos decisivos da vida brasileira. Que prossiga esse papel, porque, no que possui de superior, ela tem alimento para o mundo inteiro. E o Projeto facilitará ao Brasil revelar aos franceses a pujança de uma criatividade viva e pura.

(1987)

25. Especificidade do Teatro

O teatro não pode ser visto como arte literária, não deve almejar a popularidade do cinema e da televisão; não ganhará em prestar-se ao exibicionismo do encenador, e perderá se se colocar a serviço de outros fins. Essas são algumas verdades que parecem indiscutíveis, hoje em dia, e se dispõem a nortear as tendências do palco.

A concorrência do cinema e da televisão levou os teóricos e realizadores do teatro a perguntar o que é específico, em sua arte, e portanto merece ser preservado – se é que tem sentido lutar por essa preservação. Arte artesanal, o teatro seria uma sobrevivência do passado, em meio às artes industriais do nosso tempo. Mas o consumo para as massas não substituiu um certo prazer, que é dado pela presença física do ator perante o público. E o requinte do debate, que se consegue atingir nesse diálogo, está fora do alcance dos enlatados.

Como é fundamental no teatro apenas o ator em face das testemunhas que formam o público, considera-se retrógrada e nociva a separação palco-platéia, consagrada na velha arquitetura de tipo italiano. Grotóvski, ao procurar um lugar para as suas apresentações, julgava básico um espaço que não lembrasse os edifícios tradicionais. Se o teatro almeja uma comunicação especial, uma premissa é a quebra das antigas fronteiras. Mas, neste tempo de nostalgias, não é de estranhar, também, que se acabe por exigir a volta das separações rígidas, para que o espectador se sinta verdadeiramente no teatro.

A relação ator-público tem sido encarada de formas diversas, segundo o gênero de reação que se pretende provocar. Falou-se muito em participação e comunhão, como se o ideal a atingir fosse o espectador sussurrar, juntamente com o intérprete, as palavras por ele pronunciadas. Veio Brecht e advogou o estranhamento: o público deve saber o tempo todo que está no teatro e, além da emoção, precisa fazer um raciocínio crítico. Já Peter Brook, em *O Teatro e Seu Espaço* (The Empty Space), afirma: "É assim que entendo um teatro necessário: aquele no qual só existe uma diferença de ordem prática – e não fundamental – entre ator e público".

Muitos realizadores, ao se lembrarem que o teatro havia reunido verdadeiras multidões, na Grécia e na Idade Média, se embalaram com a esperança de que o teatro do século passado se tornasse de novo popular. Jean Vilar, que assumiu na década de 1950 a bandeira do Teatro Nacional Popular francês, via seus espetáculos como um serviço público. De um lado, foi Grotóvski o responsável pela reformulação desse conceito, ao reconhecer que o público ideal, para não perder nenhuma sutileza da arte interpretativa, não deve ir além de cem pessoas. De outro, Roger Planchon, diretor do TNP, via como utópica a nova popularidade do teatro.

Depois de numerosas tentativas, ao longo de mais de uma década, Planchon concluiu que o operário só vai ao teatro para construí-lo. Essa é uma realidade, independentemente das causas que a determinam: o pequeno poder aquisitivo, a distância das casas de espetáculo da residência ou do local de trabalho, o cansaço depois de uma longa jornada. O público do TNP era constituído somente de 6% de operários, a mesma proporção que freqüenta as universidades. Tudo indica que o teatro não insistirá em demasia no ideal de uma nova popularidade, embora ele pretenda falar a uma elite cultural e não financeira.

Outra ilusão que parece ter sido perdida pelo teatro: a capacidade de influir politicamente sobre o público. Vários elencos de vanguarda norte-americanos, verificando que, na prática, não contribuíam muito para modificar a sociedade, decidiram partir para a ação direta. Dessa forma, os atores se empenhavam numa luta aberta, que não se escondia sob a capa protetora do espetáculo. Eugênio Barba, discípulo de Grotóvski, mentor do Odin Teatret, citado por René Giraudon no livro *Démence et mort du théâtre* (Demência e Morte do Teatro), chegou a afirmar: "Eu recuso a demagogia do teatro que deseja mudar o mundo. É pretensioso. Isso dá boa consciência e é tudo. Na Alemanha, havia trinta teatros de *agit-prop* e nenhum parou a maré montante dos S.A. Não se pode salvar a sociedade pelo teatro. Isso nunca se viu". O reconhecimento dos limites do teatro não recomenda, por outro lado, a alienação, no sentido de que o ator deve proporcionar apenas o prazer lúdico do público. O conhecimento que se busca no teatro exige uma reflexão sincera sobre a realidade integral do homem.

Os conjuntos mais importantes, formados nas últimas décadas, acharam que era fundamental descobrir uma identidade comum aos seus elementos. Não se tratava apenas do problema de uma semelhante formação artística e de um valor homogêneo dos vários atores. Um grupo, trabalhando permanentemente, reclamava uma visão o mais aproximada possível de seus membros, e uma proposta não muito contraditória de vida. Afinal horas e horas lado a lado, num trabalho intelectual, não admitem filosofias inconciliáveis.

O inter-relacionamento, que freqüentemente determinou até a formação de comunidades, levou certos grupos a partirem para as criações coletivas. Seria difícil conciliar as idéias forjadas num convívio diário com um texto elaborado por um autor, provindo de uma experiência diversa. Mais do que os porta-vozes de um dramaturgo distante, mesmo se rico do ponto de vista artístico, os atores sentem necessidade de transmitir a própria vivência. Se se compreende, intelectualmente, o surgimento da criação coletiva, com freqüência ela deixou de ter uma fatura literária de alto nível. Ou um dramaturgo se integra na criação coletiva, a fim de dar-lhe a forma desejável, ou ela não satisfaz como literatura e provoca inevitável cansaço.

A descoberta do físico do ator como o veículo próprio para a comunicação provocou, também, os exageros da chamada expressão corporal. Se o teatro não é literatura, o homem completo não prescinde da palavra e o esvaziamento dela acabou por transformar a expressão corporal em ginástica. Nada mais penoso do que ver, em certos espetáculos, o exercício físico substituindo o diálogo. Felizmente, essa fase acabou e as novas experiências tenderam a reintegrar a palavra no espetáculo.

Já se ouviu alguns espectadores dizerem que se afastaram do teatro para não serem agredidos. Na verdade, o uso da agressão não foi além de duas ou três montagens, que por sinal fizeram muito sucesso de público. O problema reclama um pouco de reflexão, já que os atores, cuja atuação se destina à platéia, não deveriam afastar quem lhes assegurava a sobrevivência e cuspir no prato que comeram. A agressão surgiu num momento em que o teatro assumiu a própria marginalidade e sentia o desejo de gritá-la para todo o mundo. Era o instante de dizer ao público que ele era burguês e portanto seus valores não podiam ser acatados. A tendência a seguir, já que o elevado preço dos ingressos só é acessível a uma classe financeiramente privilegiada, foi a de não contestar com o mesmo ímpeto quem afinal de contas alimenta o teatro.

Não se pense, porém, que essa "sabedoria" deve servir de freio às ousadias intelectuais. Mais do que nunca, o teatro sabe que só pode sobreviver se constituir um alimento que não é fornecido pelos veículos de comunicação de massa. Dói na consciência da gente de teatro uma verificação de Peter Brook, no artigo "Em Busca de uma Fome": "Se fossem fechadas todas as casas de espetáculos, o público pouco se importaria". Grotóvski, no livro *Em Busca de um Teatro Pobre*, afirmou algo semelhante: "Se um dia todos os teatros fossem fechados, uma grande porcentagem do povo não tomaria conhecimento disto durante algumas semanas; mas se eliminassem os cinemas e a televisão, toda a população no mesmo dia entraria em grande alvoroço". Comentando essa observação, Anatol Rosenfeld escreveu no primeiro número da revista *Debate e Crítica*: "No Brasil, uma grande porcentagem do povo não perceberia o fechamento dos teatros não só durante algumas semanas, mas provavelmente nunca".

Entretanto, para que o teatro satisfizesse uma fome, enveredou para uma sinceridade que os veículos populares não se podem permitir. A nudez, menos que um exibicionismo, valeu como símbolo de um diálogo absolutamente franco: sem os disfarces impostos pela sociedade, o homem tentava desvendar-se na plenitude. O teatro sente cada vez mais que deve buscar as essências.

Nesse quadro, ficaram estranhamente paradoxais as restrições sempre mais severas impostas ao teatro, felizmente hoje desaparecidas. Se ele só tem razão de ser em plena liberdade, a ausência de liberdade constrange e amesquinha. No processo de passividade que se pretendeu impor às artes, resultam mais gratificantes, por exemplo, os dramas sentimentais explorados nas telenovelas.

Mas, se o teatro ocidental atravessou 25 séculos e ainda tem muito por fazer é que nunca perdeu a intuição do seu papel histórico. Quando se agrava o cerco das interdições, ele aprende a falar por metáforas. Recolhe-se, para reunir forças e voltar com mais firmeza. Na verdade, o teatro se tem mostrado o lugar em que permanece acesa a chama sagrada.

Se é essencial para o teatro desenvolver-se num clima de liberdade, ele acaba sempre por tornar-se uma poderosa arma na conquista dessa liberdade. Esclarecendo, discutindo aspectos fundamentais da nossa realidade, o teatro brasileiro evitará que prevaleçam as mistificações.

26. A Exploração do Espaço Cênico no Teatro Brasileiro Moderno

Depois da Primeira Grande Guerra, quando, por toda parte, já se impusera a figura do encenador no comando do espetáculo, o teatro brasileiro ainda se entregava ao reinado do intérprete. As comédias de costumes, que adquiriram novo impulso com a necessidade de contato das fontes nacionais (o país isolou-se em decorrência do conflito mundial), eram concebidas como pretexto para a exibição do astro. As tentativas de ruptura dessa estética, tanto no campo da encenação como no da dramaturgia, permaneceram à margem das principais influências, sem alterar o panorama do profissionalismo. Nosso palco, até o advento da Segunda Grande Guerra, espelhava o século XIX.

A fuga européia do nazismo foi benéfica para o Brasil. Jouvet instalou-se durante dois anos no Rio de Janeiro (1941 e 1942), prosseguindo sua faina criadora e influenciando a nova geração. O polonês Ziembinski aproximou-se do grupo amador de Os Comediantes e, em 1943, dirigiu, no Municipal carioca, *Vestido de Noiva*, de Nelson Rodrigues, marco da modernização do palco brasileiro, quer na dramaturgia, quer na montagem, incluindo os cenários de Santa Rosa. Em 1948, fundou-se em São Paulo o Teatro Brasileiro de Comédia, absorvendo, no correr dos anos, sobretudo um grupo de talentosos jovens italianos – Adolfo Celi, Luciano Salce, Flamínio Bollini Cerri, Ruggero Jacobbi, Gianni Ratto, Alberto D'Aversa –, além de Ziembinski e do belga Maurice Vaneau. Pode-se afirmar que à hegemonia do intérprete, nas décadas de vinte e trinta, sucedeu a do encenador, nas de quarenta e cinqüenta.

Moços brasileiros, formados nessa esplêndida escola, passaram a afirmar-se, ombro a ombro com os europeus. E logo sentiram falta de uma dramaturgia brasileira autêntica, veículo para a sua melhor comunicação com o público. A estréia de *Eles Não Usam Black-tie*, de Gianfrancesco Guarnieri, no Teatro de Arena de São Paulo, na temporada de 1958, foi o estopim para a tomada de consciência de uma criação dramatúrgica nacional. Os textos brasileiros começaram a freqüentar as outras salas e ninguém mais tinha medo de que eles não fizessem sucesso. Inaugurou-se a fase da hegemonia do autor nacional.

Fechado assim o ciclo de um teatro completo, o palco brasileiro podia abrir-se a todas as experiências. O Teatro Oficina de São Paulo sintetizou, na década de 1960, as conquistas européias de um século, caminhando do realismo stanislavskiano para o estranhamento de Brecht, para desaguar na crueldade de Artaud e na essência de Grotóvski, não sem antes resgatar toda a força tropical e antropofágica de *O Rei da Vela*, de Oswald de Andrade, texto inédito e esquecido dos anos de 1930. Nossa cena estava atualizada pelos melhores padrões europeus.

Nesse quadro, cabiam as mais diferentes perguntas, e esperavam-se as respostas. Criadores de diversas origens sabiam que o palco italiano não era adequado para certas experiências estéticas. A partir de radicalidade absoluta, não será absurdo dizer que todo texto reclama o seu espaço próprio e a área tradicional limita a visão globalizante do dramaturgo. As "mansões" do mistério medieval representavam a recusa da arquitetura da tragédia grega, na qual ele não conseguiria desenvolver-se. O palco elisabetano presta-se mais às freqüentes mutações dos cenários de Shakespeare e de seus contemporâneos. Da francesa Ariane Mnouchkine ao italiano Luca Ronconi, muitos encenadores modernos preferem um espaço flexível, no qual podem expandir sua criatividade.

No Brasil, a construção de um teatro de arena estável havia sido menos escolha estética do que saída econômica, para barateamento das montagens. Calculava-se que, na forma circular, que dispensa os grandes cenários, o preço da produção reduzia-se à décima parte de um espetáculo convencional. As invenções artísticas partiam do despojamento consentido. Já as buscas posteriores de um espaço autônomo visavam a oferecer ao texto a ambientação ideal.

A primeira tentativa importante, no gênero, ocorreu em 1968, quando o diretor argentino Victor Garcia recriou sua montagem de *Cemitério de Automóveis,* de Arrabal, estreada em 1966, em Dijon, e refeita dois anos depois em Paris. Em São Paulo, adaptou-se uma garagem para inaugurar o Teatro 13 de Maio (hoje desaparecido), nos moldes da sala de Dijon e não da convencional de Paris, onde o diretor ficava tolhido pela cena italiana. Dispuseram-se cadeiras ao longo de três lados de um retângulo, à volta de uma rampa central, reservando-se um dos lados menores para abrigar as carcaças superpostas de automóveis. O cenário foi, assim, totalmente construído, embora os espectadores, nos lados maiores, permanecessem uns em face dos outros, sem prejuízo da visibilidade. A iluminação ganhava matizes especiais, vinda de todos os pontos, e o próprio encenador acionava um enorme refletor móvel. Obtinha-se o clima propício para a instauração da cerimônia pânica, do ritual artaudiano.

Sob o título comum de *Cemitério de Automóveis,* o espetáculo reunia quatro textos: "A Oração", "Os Dois Carrascos", "Primeira Comunhão" e o próprio "Cemitério", desintegrados de sua estrutura original. Os atores foram preparados para evitar o desempenho psicológico, dedicando-se, graças a excelente treinamento físico, a diversos jogos acrobáticos, responsáveis pela atmosfera de rica estranheza. O momento alto de criatividade verifica-se em "Primeira Comunhão": enquanto a Avó, solene e majestosa, dava conselhos, a Neta, respondendo apenas "Sim, mamãe", era paramentada em círculos concêntricos de diferentes diâmetros, até transformar-se em verdadeiro bolo de noiva. O encenador-sacerdote oficiava, em esfuziantes imagens, uma poderosa metáfora. Se o conjunto da montagem evocava o universo artaudiano e mesmo o de Grotóvski, Victor recusava essa filiação, afirmando para Odette Aslan, no primeiro volume de *Les Voies de la Création Théâtrale,* que bebeu "diretamente nas fontes do folclore indígena e das tradições brasileiras, como Artaud pôde reencontrar os ritos astecas em seu tempo". Mero charme de artista que preferia dizer-se saído do nada, ou de suas raízes latino-americanas, e não de uma influência diretamente européia?

Estimulado pelas condições favoráveis da montagem de *Cemitério de Automóveis,* Victor Garcia achou que poderia ousar mais ainda ao dirigir *O Balcão,* de Genet, estréia dos últimos dias de 1969, no Teatro Ruth Escobar de São Paulo, sala que tem o nome da produtora dos dois espetáculos. Posso testemunhar que representou inacreditável odisséia o período de nove meses de preparo do lançamento, e poucos dias antes que ele se consumasse Victor Garcia quase abandonou o trabalho, para regressar à Europa. Tornaram-se insuportáveis as dificuldades financeiras de uma produção demasiado dispendiosa, para quem dispunha de pequeno capital e as dívidas se acumulavam. Em outro centro teatral, o custo da mão de obra e os requisitos de segurança decretariam a inviabilidade econômica do empreendimento, que jamais alcançaria retorno. Assim, paradoxalmente, apenas num país subdesenvolvido como o Brasil *O Balcão,* concebido por Victor Garcia, seria exeqüível.

Palco e platéia da Sala Gil Vicente do Teatro Ruth Escobar foram totalmente destruídos, para que no espaço vazio se erguesse a estrutura metálica desenhada pelo cenógrafo Wladimir Pereira Cardoso. Durante cinco meses, ele e dezoito pessoas trabalharam vinte horas por dia, a fim de concretizar o audacioso projeto. Sabe-se que todos dormiam no próprio teatro, onde se instalou um fogão, para que uma cozinheira cuidasse lá mesmo da comida, desde as sete horas da manhã. O objetivo precípuo era o de colocar o espectador como autêntico *voyeur* em face da ação, transcorrida num bordel de luxo.

Abandonaram-se totalmente as indicações de Genet. Segundo elas, no primeiro quadro o cenário parece representar uma sacristia, constituída por três biombos de cetim, vermelho-sangue. No teto, há um lustre, sempre o mesmo, nos vários quadros. Aí, um homem comum está vestido de bispo, vivendo o sortilégio propiciado por uma casa de ilusões. No segundo quadro, três biombos marrons, entre os quais um casal assume as personalidades de juiz e de ladra. Na nova cena, cujo protagonista veste a farda de general, três biombos acham-se na mesma disposição dos precedentes, mas são verde-escuros.

Todos esses elementos foram substituídos pela estrutura metálica de vinte metros de altura. Escavou-se o palco para que, do porão até os urdimentos, se erguesse vasto funil, com passadiços que acomodavam até 250 espectadores, em bancos dispostos numa seqüência em espiral. Iluminava-se o ambiente por meio de um espelho parabólico, modelado no concreto do porão, cinco metros abaixo do palco. Desenhou-se uma concha elipsoidal com plástico espelhado, desempenhando funções semelhantes à de um farol de automóvel. Um módulo subia e descia: era de ferro vazado, com acrílico. Por isso era possível a visão do público, em qualquer movimento seu. Passavam-se nesse módulo muitas cenas, mas os atores distribuíam-se por todo o teatro, inclusive nos passadiços para o público. Do urdimento, descia uma rampa, em espiral, com nove metros de altura, sendo utilizada em alguns quadros. Além disso, instalaram-se cinco elevadores individuais, e dois guindaste suspendiam duas gaiolas, para o diálogo de Irma e Carmen. Os atores também usavam plataformas, verdadeiros trampolins. Uma cama ginecológica entrava no módulo sem necessidade de que ninguém a empurrasse. Parte da estrutura metálica (86 toneladas de ferro), de seccionamento treliçado, abria-se, para a entrada dos revolucionários. Entre numerosos outros momentos de um ritual magnífico, sobressaía a linda metáfora da cena final: os homens quase nus, amontoados no subsolo do inferno, escalando as paredes do bordel, para obter a liberdade. Um documentário de trinta minutos, sintetizando a montagem, levou o professor iraniano Karim Modjetehedy a exclamar: "A Capela Sistina do teatro".

Cabe perguntar se toda essa parafernália atingia de fato seus objetivos. Era natural que Genet não se mostrasse muito entusiasta, achando difícil reconhecer, no meio daquelas ferragens, o bordel de luxo que ele havia imaginado. Ademais, seu interesse pelo teatro desaparecera completamente. Só a política o estimulava e nas conversas mantidas em São Paulo, na residência da atriz-empresária Ruth Escobar, que o hospedou, Genet preferia tratar dos Panteras Negras e de suas aventuras norte-americanas.

Para o público, espicaçado por tanto apelo visual, não era simples acompanhar o diálogo requintadamente poético de *O Balcão*. Quem não conhecesse o texto por certo perderia o fio da meada. Por isso, a pedido do *Jornal da Tarde*, escrevi uma "bula" para compreensão dos episódios e das personagens. O problema do entendimento deveria ser real, porque logo se aproveitaram minhas explicações no programa vendido aos espectadores.

Não há dúvida, porém, de que a montagem provocava um impacto ao menos equivalente ao da leitura da peça. Os estímulos poderiam não ser digeridos racionalmente, mas algo muito profundo falava ao inconsciente do público. A lenta movimentação da plataforma de acrílico e da espiral que baixava dos urdimentos, servida por luzes irreais e pela música fantasmagórica do Oriente, acabava por criar um ritual de magnitude desmedida. Ninguém ficava indiferente ao poderoso choque abalador de todos os sentidos.

A terceira experiência de quebra do espaço tradicional deu-se de novo no Teatro Ruth Escobar, em 1972, com o lançamento de *A Viagem*, que o poeta e dramaturgo Carlos de Queiroz Telles adaptou do poema épico *Os Lusíadas*, de Camões. Mais de cem artistas e técnicos participaram do espetáculo, que obedeceu à direção de Celso Nunes e teve cenografia de Hélio Eichbauer. Em termos diversos das montagens anteriores, alterava-se outra vez a relação costumeira entre palco e platéia.

Vale a pena, antes de examinar as soluções cênicas, saber como se processou a adaptação, que refaz, acompanhando o original, o itinerário de Vasco da Gama e seus homens de Lisboa à Índia, no ano de 1498. De início Carlos de Queiroz Telles havia recusado o convite para transformar a obra camoniana em peça, por julgar a tarefa "honestamente impossível". Depois, aceitou o desafio, adotando os seguintes critérios: primeiro escolheu todas as partes dialogadas de *Os Lusíadas*; e segundo, escolheu todas as partes da narrativa que poderiam ser utilizadas como diálogo. A soma desses versos correspondia a 15% do original.

Partiu ele, então, para o segundo roteiro, junto com o diretor e o cenógrafo. Continuavam os problemas básicos, isto é: primeiro, o enredo; segundo, a linguagem camoniana, que levava à pergunta: ela se transmitiria de forma inteligível para o público? Em função dos problemas, determinaram-se algumas linhas: a valorização das partes musicais, tendo Queiroz feito o maior número possível de transições de cenas, por meio de trechos que pudessem ser musicados. E havia outra grande dificuldade, que era a narrativa.

Ela deveria ser feita pelo próprio Camões. Acreditou-se, porém, que pôr Camões em cena era correr risco desnecessário. Dessa forma, concebeu-se um grupo de "jograis", que se incumbiu de interpretar as partes eminentemente narrativas, descabíveis na boca de uma personagem.

A questão do enredo foi resolvida por meio de uma viagem dividida em três tempos fundamentais: 1º o porão (correspondente à Idade Média), com o remanejamento dos textos de todo o poema que se referem a fatos ocorridos antes do embarque de Vasco da Gama; 2º a viagem propriamente dita de Lisboa à Índia, incluindo a presença dos deuses do Olímpo, postos por Camões na trajetória como elementos reais; e 3º o final do espetáculo, que apresenta a visão do universo camoniano, nos seus aspectos social, político e religioso. Esse texto resulta da colagem de versos extraídos de todo o poema, terminando com a máquina do mundo; a visão copernicana que o poeta tinha do universo. Não foi acrescentada uma só palavra ao texto original. Necessitou-se, para não se perder a grandeza épica, de 68 atores e quatro figuras de circo, além de um numeroso pessoal técnico.

Na verdade, o conjunto compreendia oito elencos: o do porão, subdividido em nobres, marinheiros e povo; na viagem, continua o de marinheiros, visto em contato com outros grupos: os negros, em Moçambique, Mombaça, Melinde (já mestiço), o da Índia e o dos deuses do Olímpo (ao lado deles, havia semideuses, interferências místicas do espetáculo, como Adamastor); e surgia ainda o elenco menor dos quatro jograis. Todos eles, de acordo com a dinâmica do texto, se misturavam, associando-se ao movimento das máquinas, acionadas por dez técnicos. Admite Celso Nunes que provavelmente não teria ocorrido à produtora e a ele a encenação de *Os Lusíadas*, sem o exemplo do êxito alcançado pela montagem italiana de *Orlando Furioso*, de Ariosto, sob a responsabilidade de Luca Ronconi.

O cenógrafo Hélio Eichbauer, aproveitando o porão, criou um espaço medieval, para contrastar com o renascentista – o da viagem. Uma escadaria permitia ao público transitar no tempo, do porão à sala. O espaço do Olímpo se resolvia sempre na vertical. Na área tradicional da sala, Hélio introduziu um módulo, pendente do teto, que simbolizava a caravela. Cordas, velas, escadas completavam a imagem do barco. Passarelas nas paredes laterais e em meio ao público sintetizavam as terras em que os navegantes aportavam, durante a viagem. Deuses eram suspensos no ar, por tênues fios. E até um condutor de ar do edifício foi incorporado, como um dragão, ao ambiente da Índia. Explorando a própria arquitetura do teatro, a cenografia conferia a espinha dorsal à montagem. Sem incidir em crítica superficial, o porão se prestava magnificamente para a atmosfera própria da Idade Média, enquanto a transferência para a sala anunciava a ampla abertura do Renascimento.

Os figurinos aproveitavam a liberdade criadora de que se valeu Camões. Se os portugueses se vestiam pelos modelos épicos, vistos historicamente, os deuses, por interferência mítica, apelavam para a linha pop e de *science fiction*.

O compositor Paulo Herculano optou pelo que ele próprio disse ser uma salada, misturando desde a canção puramente renascentista ao *rock*. Justificava-se a música pop moderna pelo caráter atemporal atribuído à viagem. Aproveitaram-se frases do folclore português e, no final, o compositor inspirou-se na harmonia da música *Atlantis*, que se refere a uma viagem fantástica. No tempo da Idade Média, dois atores tocavam flauta doce. O objetivo era alcançar um resultado épico, no conjunto, de que não estivesse ausente o envolvimento mágico.

Provavelmente uma aproximação convencional de *Os Lusíadas* não conseguiria sugerir toda a complexidade do poema. O espetáculo pareceria, sempre, um resumo muito incompleto da extrema riqueza do original. Por meio de imagens muito fortes, presas a simbologia eficaz, os realizadores construíram uma síntese poderosa, equivalente ao que o livro transmite apenas por intermédio da palavra. Não se presenciou, de forma nenhuma, um digesto camoniano, mas a própria essência do poema épico. É certo que se perderam pormenores incontáveis, em função da minúcia dos dez cantos. Ninguém se queixaria, porém, do hermetismo do espetáculo, que ordenou os episódios fundamentais da narrativa segundo as exigências cênicas de princípio, meio e fim, no tempo de uma peça comum, que nem permite o cansaço. Uma transposição exemplar da poesia para o teatro, que se utilizava de todos os sortilégios da linguagem cênica no envolvimento do espectador. *A Viagem* encerrou um ciclo de empreendimentos da atriz-empresária Ruth Escobar, que ainda levou a São Paulo o dramaturgo Arrabal, para encenar sua peça *Torre de Babel*, e se consagrou depois à realização de Festivais Internacionais de Teatro, que, entre numerosas iniciativas de grande valor, mostraram ao nosso público a invenção inesquecível de *The Life and Times of Joseph Stalin* (por causa da Censura, o título foi trocado para *The Life and Times of Dave Clark*), do norte-americano Robert Wilson.

A quarta proposta de inovação do espaço cênico coube a *O Último Carro ou As 14 Estações*, de João das Neves, que também dirigiu o espetáculo. Cronologicamente, a montagem pareceu acompanhar a "moda" inaugurada por *Cemitério de Automóveis*, quando, em circunstâncias normais, teria aberto esse rico filão experimental. Isso porque o texto foi escrito em 1967, portanto um ano antes da estréia da obra de Arrabal, ou, como esclarece o dramaturgo, em 1965-1966, e refeito em 1967, por ocasião do 1º (e único) Seminário Carioca de Dramaturgia, do qual foi vencedor. A malfadada Censura, que sufocou durante tanto tempo o palco brasileiro, manteve *O Último Carro* na gaveta ao longo de nove anos, ainda que, no mesmo Seminário, foi "a peça detentora do prêmio especial de montagem que deveria ter sido realizada pelo SNT". (Serviço Nacional de Teatro – órgão oficial do Governo, àquela época incumbido de estimular a atividade cênica no país). Considerado o melhor espetáculo da temporada carioca de 1976, onde esteve em cartaz, no Teatro Opinião, no ano seguinte transferiu-se para o quadro da XIV Bienal de São Paulo, em cujo espírito, segundo Ilka Marinho Zanotto, se encaixava rigorosamente:

> Se é certo que esta Bienal, reformulada para atender à dinâmica dos tempos, expressa as angústias comuns a todos os homens – o que está patente nas propostas realizadas e aglutinadas sob temas determinados previamente, que ao invés de isolar geograficamente os países os reúne em torno de alguns denominadores comuns – é também certo que *O Último Carro* expressa uma pungente realidade nossa, muito concreta, mas que se insere no contexto mais amplo de uma preocupação universal. No caso, a atualíssima luta pelos direitos humanos, que é o fio condutor dos temas propostos pela Bienal.

Outro encenador poderia ter feito uma montagem, senão convencional, ao menos sem o poder metafórico da criação do dramaturgo. As rubricas dividem a peça em dois atos, compondo-se o primeiro de seis cenas. Não seria absurdo imaginar que, de acordo com as indicações do autor, o cenário várias vezes se modifica: na cena inicial, uma estação de trem suburbana, em que um homem cochila, num banco; a segunda muda para o interior de um trem em movimento – um desses trens que param obrigatoriamente em todas as estações e cujos bancos são distribuídos ao comprido e na largura do vagão; a terceira mostra uma plataforma, para que um casal de jovens converse, sentado no banco; já a cena quinta principia com "um vagão vazio, que deve corresponder ao último vagão do trem e ter, portanto, ao fundo, uma cabine de maquinista"; finalmente a sexta cena transcorre na estação, com vários passageiros na plataforma. No primeiro plano, uma borboleta, e se ouve o barulho do trem. O segundo ato, correspondendo à circunstância de que o trem viaja desgovernado, sem parar em nenhuma estação, transcorre inteiramente no seu interior, e não está subdividido em cenas.

O espaço construído pelo cenógrafo Germano Blum abolia essa seqüência temporal das cenas, sem dificultar, no entanto, a compreensão lógica do desenvolvimento dos diálogos. Na sua organicidade, o trem do subúrbio carioca espraiava-se num retângulo que envolvia a platéia, e alguns espectadores postavam-se em bancos que pareciam parte dos vagões. Com esse recurso, as múltiplas cenas se sucediam em locais próprios, numa continuidade e numa flexibilidade que representavam permanente estímulo para o público. Sentia-se a materialidade do teatro, no que ela tem de mais legítimo e fascinante.

A peça vai além da maioria dos textos sociais da época, revelando a preocupação de apelar para o simbólico e uma liberdade associativa de personagens e situações que não se contém nos limites do naturalismo. Dir-se-ia uma obra intermediária entre as visões fotográficas anteriores da vida brasileira e a introspecção empreendida por Plínio Marcos, naqueles anos, em *Dois Perdidos Numa Noite Suja* e *Navalha na Carne*, desencadeadora de nova dramaturgia. Datado, por isso, enquanto literatura, *O Último Carro* se fecundava, na montagem, de forte modernidade, que o trazia para as mais vanguardistas realizações do momento.

Na fragmentação de quadros da conturbada viagem, surge uma imensa galeria de tipos que se unem momentaneamente e cujo destino, graças a um desastre, acaba por tornar-se o mesmo. João das Neves não aprofunda nenhuma personagem em particular, mas, pela soma de silhuetas que seleciona, oferece um retrato bastante diversificado do povo brasileiro: do bêbado ao beato, do ladrão à prostituta, do casal que se inicia na vida ao operário consciente e com iniciativa, há de tudo na peça. Um vasto painel de camadas populares, que de repente se sentem caminhar para o abismo, por falta de um maquinista que dirija a composição em movimento.

Cada cena, por si, não supera os clichês associados às personagens. O valor dos diálogos não tem força suficiente para imprimir individualidade à massa quase informe de figuras rastreadas na rápida viagem do trem. O interesse desloca-se, contudo, do indivíduo para a coletividade, do particular para o geral, do aprofundamento para o panorama. Amplas coordenadas esboçam a imagem de um povo abandonado e sofredor, próximo do sacrifício em razão do desgoverno.

A introdução do elemento simbólico, além da composição que se desloca vertiginosamente, sem maquinista, está no desejo de salvarem-se, unindo-se muitos no último carro, que seria separado do restante do trem. A velocidade desse vagão diminuiria gradativamente, até a parada, enquanto um grande estrondo indica o acidente fatal para os outros carros. Sobrevive quem domina o próprio destino, sem aceitar passivamente o desastre provocado pela falta de direção.

Uma montagem que adotasse um espaço convencional, sem fazer do espectador um participante dessa "anti-tragédia brasileira", não teria o mesmo impacto metafórico. Escrito nos primeiros anos da ditadura militar, imposta em 1964, o texto ainda na década seguinte guardava intacta sua força desmistificadora. O público via-se passageiro desse trem absurdo, caminhando para o abismo. Estava clara, porém, na solução de desligar o último carro, em sinal de resistência à vertigem suicida, a mensagem otimista de João das Neves, achando que havia uma saída para o País. O espaço cênico proporcionou a total contundência dos diálogos.

Esses quatro espetáculos se dedicaram especialmente a pesquisar um espaço cênico mais capaz de trazer ao primeiro plano virtualidades contidas nos textos. O movimento participava, sem dúvida, da preocupação de reteatralizar o teatro ou, em outros termos, de encará-lo como arte autônoma, que utiliza a linguagem literária e não se considera apenas um ramo dela. Num processo sempre retomado, essas experiências foram extremamente significativas.

Deve-se afirmar que, nos anos de 1980, não se registrou o que se julgaria recuo das pesquisas espaciais. A reivindicação de uma arquitetura própria para cada montagem, na medida das possibilidades, passou a ser quase lugar-comum da estética cênica. O fenômeno incorporou-se ao cotidiano do palco, embora não ocorressem, depois, realizações tão radicais. A conquista tornou-se verdadeira premissa das concepções de encenadores e cenógrafos.

Por que se data, assim, com espetáculos marcantes, uma fase da evolução do nosso palco moderno? A ousadia dessas criações representou marco verdadeiro e obteve, também, indiscutível repercussão no Exterior. *O Balcão* só não foi visto na Broadway, na montagem de Victor Garcia, pela impossibilidade de retorno financeiro de uma iniciativa por demais dispendiosa. Um documentário cinematográfico de cerca de trinta minutos, captando as mutações espaciais sucessivas, circulou um pouco por toda parte. Os comentários de Ilka Marinho Zanotto sobre *O Balcão* e *A Viagem*, depois de publicados em *The Drama Review*, figuraram numa antologia, em que se comemoraram os trinta anos da revista[1].

Não se pode esquecer, por outro lado, que no afã de interessar ao público, esgotada uma "moda", instaura-se imperceptivelmente outra, que será por sua vez substituída, no correr do tempo. E essa fase tinha o agravante de reclamar muito dinheiro, já que não é fácil, cada vez, destruir o espaço convencional de um teatro. Para uma atividade artística, em que o Governo foi aos poucos reduzindo os subsídios financeiros, prosseguir nesse caminho chegava a ser sinônimo de loucura. Em função de vários fatores, o palco brasileiro tomou, na década de oitenta, um caráter mais comercial.

E há outro problema, que não cabe menosprezar. Às vezes a persistência na vanguarda fica um tanto cansativa para o público. Tem limite a capacidade humana de assimilação e, por isso, prefere-se de vez em quando a rotina. Ouvi de muitos espectadores, depois da inflação de montagens que procuravam renovar o espaço cênico, sua nostalgia do tradicional palco italiano, em que eles permaneciam quietos na poltrona, ouvindo os intérpretes dentro da caixa mágica.

---

1. *The New Theatre*. Performance Documentation. An Anthology Edited by Michael Kirby, New York, University Press, 1974, p. 54-60.

27. Péricles:
Uma Encenação Lúdica

A lembrança que retenho da estréia de *Péricles – Príncipe de Tiro*, ocorrida em abril de 1995, no Teatro Popular do Sesi de São Paulo, é de puro encantamento – magia de teatralidade, conto perverso de fadas que acaba bem, trama de peripécias rocambolescas herdada da Comédia Nova grega, que Shakespeare afeiçoou ao gosto de seu tempo e o encenador Ulysses Cruz trouxe para a eficácia poética de agora.

Lido, o "romance" shakespeariano, inaugural da fase posterior ao grande ciclo trágico, encerrado brilhantemente com *Antônio e Cleópatra*, pode ser passível das críticas feitas desde o contemporâneo Ben Jonson. Chega-se a atribuir ao obscuro George Wilkins a autoria dos dois primeiros atos, por serem considerados inferiores à lavra costumeira do Bardo, responsável pelos três atos seguintes, de indiscutível superioridade. Curiosamente, o ensaísta e professor norte-americano Harold Bloom, depois de afirmar "antes ler Shakespeare [especialmente nos dias de hoje] a ver suas peças parodiadas e deformadas", reconhece: "*Péricles* seria a exceção; trata-se da única peça shakespeariana que prefiro ver encenada a fazer uma releitura, e isso não se deve apenas ao fato de o texto ter sido truncado ao longo do tempo"[1]. A encenação de Ulysses Cruz, se assistida por Harold Bloom, por certo confirmaria seu juízo. Já a excelente atriz inglesa Vanessa Redgrave, que atuava em São Paulo durante a temporada de

---

1. H. Bloom, *Shakespeare: a invenção do humano*, tradução de José Roberto O'Shea, Rio de Janeiro: Editora Objetiva, 2000.

Péricles, não escondeu o entusiasmo pela montagem brasileira, a ponto de desejar ser dirigida por Ulysses em Londres.

Não se pense, contudo, que seja mero exercício de virtuosismo diretorial a encenação de *Péricles*. Talvez pelo receio de que a história desenvolvida pelo texto se esgarçasse, confundindo o público, Shakespeare atribuiu ao poeta popular John Gower, autor do conto que lhe serviu de fonte, o papel de narrador que procura unificar os episódios passados em nada menos que seis cidades-estado ou reinos: Antioquia, Tiro, Tarso, Pentápole, Mitilene e Éfeso. Só essa multiplicação indisciplinada de lugares deixaria perplexos os rigorosos defensores da unidade de espaço. E as aventuras dignas de qualquer melodrama que se preze seriam rotuladas de total inverosimilhança, se não vivessem no clima livre da ficção.

Como tem sempre ressaltado a crítica, a mestria shakespeariana está patente, entre outras cenas, naquela em que a virginal Marina, no quarto ato, depois de escapar da morte encomendada ao criado Leonino por sua senhora Dionisa, é raptada por piratas e vendida para um bordel. A virtude da heroína, capaz de converter os gentis-homens que a cobiçam e até Lisímaco, governador de Mitilene, ressalta nos belos versos com que se defende. Passaram-se todas as vicissitudes, para que Marina reencontre o pai, o rei Péricles, e por último a mãe Taísa, supostamente afogada e feita, depois, sacerdotisa do Templo de Diana, em Éfeso. Processa-se o reconhecimento e será celebrado o enlace de Marina com Lisímaco, e cabe concluir que todos reinarão felizes. Diferentemente do desfecho sombrio das tragédias, o universo final de *Péricles* é o da reconciliação e da alegria.

É legítimo pensar que, nas mãos de um encenador comum, entrecho tão fantasioso resultaria, na melhor das hipóteses, em espetáculo ingênuo. Não foi o que se deu com a montagem paulista. Inteligentemente, Ulysses soube valorizar cada elemento como obra de arte – a inverosimilhança transformou-se em poesia, os infortúnios metamorfosearam-se em cântico de vida, o conjunto adquiriu, na feliz conjugação dos pormenores, beleza plástica impositiva.

O diretor cercou-se, em todas as especialidades reunidas no espetáculo, de profissionais altamente qualificados. A começar de Hélio Eichbauer, um dos melhores cenógrafos e figurinistas brasileiros, discípulo do artista tcheco Joseph Svoboda. Sabendo que a troca freqüente de cenários poderia ser desastrosa, Hélio fugiu do realismo histórico e optou por um dispositivo de tendas contíguas ou isoladas, cujos diversos ambientes remetem a cada reino particular. Sobre a plataforma que serve de teto, instalou-se de preferência o Grupo de Percussão do Instituto de Artes da Unesp (Universidade Estadual de São Paulo), formado por cinco músicos, sob a direção de John Boudler. Esse conjunto estabelecia o ritmo nervoso do espetáculo, à semelhança do que sucede nas montagens de Ariane Mnouchkine para o Théâtre du

Soleil, na Cartoucherie de Vincennes. No alto da parede do fundo do palco, equilibrando a plasticidade, máscaras diversas. E, verdadeiro achado, no espaço da representação, a metade de uma roda metálica, manipulada pelos atores, simulava um barco em meio à tempestade. Tratamento semelhante ao da cenografia, evitando a cópia histórica (e ressaltadas as características primitivas), receberam os 150 figurinos, concebidos para os 21 atores. Túnicas, mantos, às vezes enriquecidos por belos adereços, como diademas, coroas e colares, davam a cor local aos diferentes reinos, distinguindo as personagens quando vividas pelo mesmo ator. O preparo do elenco fez-se em cinco meses de ensaios, a que não faltaram aulas de canto, dança e artes marciais.

Talvez com o objetivo de trazer os episódios imaginosos para a realidade cotidiana, o encenador incorporou à paisagem do palco alguns animais domésticos. Ao fim de várias experiências, aproveitaram-se três cães, um ganso e um carneiro. Para o público urbano, a providência acentuou o bucolismo de certas cenas.

De abril a dezembro de 1995, mais de cem mil espectadores aplaudiram a montagem. A circunstância de ser gratuito o ingresso do Teatro Popular do Sesi (Serviço Social da Indústria), que se destina sobretudo aos trabalhadores, não reduz o significado do feito. É que, se o espetáculo não agrada, mesmo de graça a platéia permanece vazia. Para ver *Péricles*, formavam-se durante todo o dia longas filas.

A realização desse espetáculo foi um dos signos da maturidade de Ulysses Cruz. No início de sua carreira, era possível discutir o gosto pronunciado pelo aspecto visual, com prejuízo do aprofundamento das personagens. Próximo de *Péricles*, ele havia obtido merecido êxito com dois textos difíceis: *Anjo Negro*, de Nelson Rodrigues, e *A Dama do Mar*, de Ibsen. *Péricles* pode ser julgada uma das melhores encenações shakespearianas do Brasil.

(1995)

28. Teatro da Vertigem

Quem viu *Paraíso Perdido*, na Igreja Santa Ifigênia, e depois *O Livro de Jó,* no Hospital Umberto Primo, sabe que não se encontra diante de um grupo rotineiro de teatro, por mais que esse grupo tenha uma visão artística séria. Antônio Araújo, diretor do Teatro da Vertigem, responsável pelas duas produções, imprime a sua personalidade inquieta à experimentação a que vem procedendo, a qual está impregnada de um sentimento profundamente religioso, perplexo com os fenômenos inesperados que se sucedem.

Temperamento requintado, do ponto de vista estético, não é por ele que se define a preocupação dominante de Antônio Araújo. Ao assistir aos seus espetáculos num templo religioso e em dependências hospitalares, o observador seria tentado a concluir que ele se empenha em evitar os espaços convencionais, como se tornou freqüente na procura moderna. O próprio encenador esclarece:

talvez pudéssemos dizer que a opção por um espaço não-convencional está essencialmente centrada numa interferência na percepção do espectador, e não numa pesquisa arquitetônica ou numa "estética do espaço". E esta interferência acaba também se dando numa esfera maior que a da simples experiência artística vivenciada pelos espectadores, configurando uma intervenção que é social, uma intervenção nas instituições [talvez exista aí um certo desejo utópico do teatro se tornar presente como uma forçada ação, de transformação].

Por certo, ninguém fica indiferente ao impacto provocado pelo *Livro de Jó*.

Outro aspecto a considerar é o notório progresso interpretativo da montagem anterior para a atual. Na igreja, desculpava-se a menor nitidez da dicção pelos problemas da acústica. A força do coro suplantava a caracterização precisa de cada desempenho. Um esclarecimento do programa de *O Livro de Jó* altera o raciocínio, ao afirmar que, nele, o elenco se colocou

> frente a uma dramaturgia mais formalizada, trazendo para o grupo o universo da palavra. Se anteriormente a linguagem gestual era a principal expressão das reflexões e vivências destes artistas, agora a voz começa a entrar no campo das preocupações; a exploração do movimento coral abre espaço para a construção de personagens; as experimentações corporais sobre as leis da Física buscam transformar-se em treinamentos dos estados internos do ator.

Retrospectivamente, seria justo reivindicar que *Paraíso Perdido* deveria julgar-se também teatro da palavra. O que não impede reconhecer que *O Livro de Jó* depurou extraordinariamente a voz e, com ela, ganharam todos os desempenhos. O Teatro da Vertigem conta os nomes de valor de Matheus Nachtergaele, Mariana Lima, Miriam Rinaldi, Sérgio Siviero, Siomara Schrider, Vanderlei Bernardino e Zismara Oliveira.

O espaço do hospital não é mero cenário passivo. Antônio Araújo explorou-o nos mais variados recantos. Desde as primeiras imagens, em que três grandes paredes de vidro, muito bem iluminadas por Guilherme Bonfanti, abrem a visão do interior, até a utilização do instrumental próprio – macas, mesa cirúrgica, recipientes de soro etc. –, tudo é apropriado para que o sofrimento de Jó funcione também como clara metáfora da grande moléstia contemporânea, e um discreto avental do Emílio Ribas não permite equívoco. O movimento desse "teatro do percurso" tem, simbolicamente, uma direção ascensional, do térreo para o segundo andar, quando elenco e público se reúnem na sala cirúrgica.

Ainda que o espetáculo seja "realizado a partir da adaptação de Luís Alberto de Abreu do texto bíblico homônimo do Antigo Testamento", ela é fundamental para a teatralidade alcançada. O adaptador conseguiu marcar as "vozes" dos interlocutores de Jó e sobretudo a da mulher dele, que existe como sua oponente dramática, trazendo o texto para o domínio do teatro. As simplificações da montagem atendem ao desenho interno da criação de Antônio Araújo, sem desrespeitar o propósito do dramaturgo de, ao lado do auto de fé, reivindicar a legitimidade do auto profano.

Tantos valores situam *O Livro de Jó* entre as encenações felizes do nosso teatro.

29. Jacó Guinsburg: Professor Emérito

Se algo há de estranho, nesta solenidade, é que ela se realiza com evidente atraso, pois Jacó Guinsburg se tornou há muito tempo, de pleno direito, professor emérito da Escola de Comunicações e Artes da USP. Eu diria, com ênfase propositai: desde que ele, depois de lecionar na Escola de Arte Dramática de São Paulo, a convite de seu fundador, Alfredo Mesquita, passou a colaborar no Departamento de Artes Cênicas, pelas mãos dos diretores Julio García Morejón e Antônio Guimarães Ferri, sobretudo nas disciplinas de Crítica, Estética e Teoria do Teatro, chegando à titularidade.

E esse caminho foge aos trâmites habituais, o que lhe aumenta o mérito. Porque Jacó não se valeu de um título de bacharel – sendo os pioneiros da Escola autodidatas em Artes Cênicas –, mas do notório saber que todos lhe reconheciam. Feito, em 1973, o doutoramento direto com a tese *Literatura e Teatro Ídiche: Aventura de uma Língua Errante*, a que se somaram as provas subsidiárias *O Teatro Russo após a Revolução de Outubro* e *Etapas da Literatura Hebraica*, ele enfrentou a livre-docência com a tese *Stanislávski e o Teatro de Arte de Moscou: Do Realismo Externo ao Tchekhovismo*.

Mencionei notório saber, fruto de múltipla experiência, ainda que aparentemente dispersiva. A enorme curiosidade intelectual nunca permitiu que Jacó se limitasse a um tema ou a uma atividade. Seus amplos interesses o levaram aos estudos de história, de filosofia, de literatura e de teatro, entre outras disciplinas, dando-lhe sólida base para operar sobretudo nos campos do magistério e da editoração. Sobra-lhe autoridade para tratar de qualquer área relativa ao palco, exigente nos planos teórico e prático. E impressiona o catálogo da Editora Perspectiva, que ele fundou e dirige desde 1965.

Poucos professores se dedicam tanto aos alunos como Jacó Guinsburg. Não satisfeito em preparar as aulas com a maior seriedade, ele as escreve por inteiro, embora não as transforme em conferências lidas, próximas do enfadonho. Cada observação é completada por um comentário, que lhe empresta um sabor de improviso. E os assuntos conseguem, assim, ser esgotados.

A função didática não se encerra na sala de aula. Jacó promove verdadeiros seminários em seu apartamento, aprofundando uma orientação que não pode conter-se em horários rígidos. Essa atenção resulta em trabalhos sempre consistentes de seus orientandos, desejosos de acompanhar os métodos rígidos do mestre.

Freqüentemente alicerce de seu magistério, as publicações de Jacó espraiam-se por numerosos territórios. Citem-se, entre outras, *As Portas de Sion* e *Motivos*, coletâneas de crítica literária; *Guia Histórico da Literatura Hebraica: Desde o Período Pós-Bíblico até 1948*; *Stanislávski e o Teatro de Arte de Moscou*; *Leone de' Sommi – Um Judeu no Teatro da Renascença Italiana*; *Aventuras de uma Língua Errante*; *Stanislávski, Meierhold & Cia.*, ensaios sobre o teatro russo; os contos de *O que Aconteceu, Aconteceu*; e *De Cena em Cena*, coletânea de ensaios.

Acrescentam-se a seleção e a organização de livros: entre outros, *Contos de I. L. Peretz; A Filosofia de Diderot; O Dibuk*, de An-Ski; *A Paz Seja Convosco,* de Scholem Aleihem; *Entre Dois Mundos*, antologia de prosadores judeus que não escreveram em ídiche e hebraico; *Do Estudo e da Oração*, súmula do pensamento judaico desde o período bíblico até o século XVII; *Teatro Moderno*, de Anatol Rosenfeld; *Semiologia do Teatro*; *Círculo Lingüístico de Praga; O Romantismo; O Classicismo; Diálogos sobre Teatro*; e dois novos volumes relativos a Diderot. São incontáveis as apresentações e participações em livros. E, quanto às traduções... elas superam a cifra dos cem volumes.

Modesto, preferindo o trabalho silencioso, Jacó não utiliza a editora para promover-se social e literariamente. Arrisco até a afirmar que, fosse ele sensível à publicidade, os títulos que divulga seriam mais populares. Entretanto, seu temperamento circunspecto assegura a seriedade de tudo que produz. Não se busquem entre as suas obras os *best-sellers* ou edições de intuito puramente comercial. A ação que empreende, ao longo de décadas, circunscreve-se apenas ao domínio da cultura.

Daí ser ele também convocado como membro ora da comissão julgadora do Concurso de Peças do Serviço Nacional de Teatro, ora do júri do Prêmio Anchieta para teatro da Comissão Estadual de Teatro de São Paulo, ora da Comissão Organizadora do 1º Simpósio Luso-

Brasileiro sobre a Inquisição, realizado em São Paulo e em Lisboa. E ter recebido a Medalha Anchieta, da Câmara Municipal de São Paulo; o Diploma de Mérito do Instituto Cultural Israelita-Brasileiro; o Prêmio de Mérito Intelectual Judaico de 1983, concedido pelo Congreso Judío Latinoamericano, ramo do Congresso Judaico Mundial; o Prêmio Jabuti, da Câmara Brasileira do Livro; e o Prêmio Mambembe, do Serviço Nacional de Teatro, pela publicação de livros especializados.

Não pode ser esquecida a contribuição jornalística de Jacó. Décio de Almeida Prado convidou-o para assinar a seção de Letras Judaicas do Suplemento Literário de *O Estado de S. Paulo*, desde a sua criação, em 1956. Pertencem a ele quatro artigos muito esclarecedores sobre a trajetória do grupo Habima, de Israel. E o Suplemento Literário acolheu ainda seis artigos de sua autoria tratando dos fundamentos e dos nomes expressivos do Teatro do Absurdo.

Tantas realizações e iniciativas constroem o perfil de um intelectual privilegiado, que se distingue entre os mais finos do panorama brasileiro. A imagem que ele me transmite evoca a do saudoso Anatol Rosenfeld, desaparecido quando ainda desfrutava de imensa força criadora e que deixou em Jacó, certamente, o mais fiel e competente discípulo. Seria melhor, talvez, chamá-lo continuador da obra pedagógica do autor de *Prismas do Teatro, Thomas Mann* e *História da Literatura e do Teatro Alemães*, para citar apenas três livros. A que Jacó adicionou a marca da visão prática e multiplicadora, por meio da editora Perspectiva.

Ao nível do vínculo pessoal, só posso afirmar que me orgulho da amizade de cerca de quatro décadas com Jacó Guinsburg, quando aparecia em seu apartamento, no fim das aulas semanais de Anatol. E me envaideço, ao ler seus testemunhos de que o estimulei a dedicar-se prioritariamente ao teatro, recomendando-o inclusive para lecionar na Escola de Arte Dramática e depois na antiga Escola de Comunicações Culturais da USP. Se acredito ter errado muitas vezes no meu juízo crítico, estou certo de que, no caso de Jacó Guinsburg, acertei.

Trago a ele, agora, minha afetuosa homenagem, na cerimônia em que a Escola de Comunicações e Artes lhe entrega o honroso título de professor emérito.

(25 de outubro de 2001)

30. Aos Formandos da ECA

Informaram-me, a princípio, que ao patrono de uma turma de formandos não se reserva a função de falar. Certifiquei-me da procedência do ritual com um colega, que me precedeu nessa honrosa homenagem. Depois, ao dizer que era provável minha ausência de São Paulo – o que infelizmente se confirmou –, eu soube que os alunos que concluíram os cursos da Escola de Comunicações e Artes esperavam de mim uma palavra. E ficariam desapontados, se eu não a pronunciasse.

Espero falar, assim, com a suposta autoridade de quem dedicou a vida inteira à questão da cultura. A realidade que me cabe apresentar não é nada rósea. Ao contrário, vejo-a tinta de cores muito mais sombrias de quando minha geração se iniciava, há quatro décadas. A afirmação me traz um sentimento de malogro, como se nós todos, que lutamos por construir uma cultura sólida no país, não tivéssemos sabido criar raízes duradouras.

Não se pense em nostalgia, vinculada a princípios que os novos donos do poder (ou seriam os donos de sempre?) consideram banidos da história. A verdade é que só se desejou uma cultura liberta de tutelas, não atrelada a interesses espúrios. Se ela não tem essa característica fundamental, aliás, não pode ser chamada de cultura. Sutilmente, o Estado substituiu a censura política e moral pela censura econômica.

Como se deu o passe de mágica? A certa altura, uma consciência atuante julgou necessário atribuir autonomia ao fenômeno cultural, tratado, quanto às verbas oficiais, como resíduo do orçamento da educação. Bastou separarem-se as duas dotações para se verificar que era irrisória a quantia destinada à cultura. Lembro-me, já sepultado o período ditatorial, que um fórum de secretários estaduais de cultura pleiteava, como medida genérica, a inclusão da ínfima parcela de 1% (um por cento) no orçamento de suas pastas. E nem essa modesta reivindicação foi atendida.

Quando os titulares das Secretarias pediram essa porcentagem tão insignificante sabiam que ela seria capaz de modificar a fisionomia cultural do país. Às leis de incentivo fiscal, que começavam a ser postas em prática, se deixava o significativo papel de coadjuvar a política do Estado. Não demorou muito para, no plano federal, serem desativados todos os mecanismos de apoio à cultura.

Não só se abandonou o acervo a duras penas acumulado, ao longo de muitos anos, como também se suspenderam os efeitos das leis de incentivo. Reconhecido o caráter de ressentimento e de iconoclastia criminosa dessas providências, o Governo, em boa hora, reativou a possibilidade de colaboração da iniciativa privada. Apenas, esqueceu-se de atualizar as dotações orçamentárias, que desceram a índice vergonhoso.

Em São Paulo, preferiu-se destruir tudo, para reiniciar as atividades da estaca zero. Simples capricho, em função de compromissos da campanha eleitoral? Não teria sido muito mais profícuo evitar a solução de continuidade, aparando em pouco tempo os vícios do empreguismo? E viu-se que não estavam na cultura nem em outras pastas produtivas os erros da má administração. A política de clientela atuou com real desenvoltura nos gabinetes, povoados de fantasmas. E todos os erros se originaram na péssima política salarial do funcionalismo, obrigando os dirigentes a recorrer a artifícios, para não afugentar do serviço público as vítimas das distorções financeiras, em face da empresa privada. As soluções aparentemente definitivas não ganhariam em manter a máquina em funcionamento, impedindo o surto de perdas irreparáveis?

Não é preciso acumular argumentos para se sentir o descalabro da situação cultural. As tímidas reações não conseguiram reverter o processo destrutivo desencadeado pelo Governo Collor (nome que menciono com o mais forte asco). Basta alguém dirigir-se ao Estado e ele remete o postulante para a iniciativa privada, erigida em panacéia universal.

Acautelem-se os produtores de cultura, para que a reforma constitucional não risque da Carta Magna o artigo 180, que prescreve: "O amparo à cultura é dever do Estado". E vamos e venhamos – não é justo exigir das empresas particulares, da indústria e do comércio, dos bancos e demais atividades congêneres, que seus dirigentes se tornem também administradores culturais, ou que ampliem os objetivos dos departamentos sob sua gerência, para atender aos reclamos da cultura. Não procederia tão absurdo desvio de função.

E não se pode esquecer que as verbas concedidas pelas empresas, a título de estímulo cultural, pertencem em grande parte ao próprio Estado, que está abdicando do direito de cobrar o imposto devido. Em outros termos – as empresas cumprem um meritório papel e embelezam a sua imagem, com recursos ponderáveis, que entrariam normalmente para os cofres do Governo.

Daí uma pergunta singela: não seria mais simples o Estado, ao invés de entregar o estímulo à cultura ao arbítrio das empresas, proporcionar o equivalente ao cobrado em imposto à dotação orçamentária das pastas especializadas? Tenho certeza de que seriam poupados os vexames de muitos artistas respeitabilíssimos, obrigados com freqüência a bater de porta em porta, sem êxito. Os produtores culturais, em múltiplos casos, dispensariam também as despesas de intermediação, já que não é segredo a existência de escritórios incumbidos de captar recursos (e é ótimo que eles existam). E os jovens, que dificilmente têm acesso à empresa privada, por não disporem ainda de nome que movimente a publicidade, poderiam contar com uma criteriosa política de cultura, responsável, em passado não muito distante, pelo surgimento de numerosos valores.

Quero deixar bem claro que essas considerações não se traduzem como repúdio à privatização nem como desconfiança da parceria da iniciativa privada. Num País tão parco de meios culturais, diferentemente da Europa e dos Estados Unidos, são bem-vindas as verbas, venham de onde vierem. Tenho a maior admiração por empresários que, alheando-se de suas atribuições rotineiras e vencendo quase intransponíveis obstáculos burocráticos, doam preciosa parcela de seu tempo e de suas economias em benefício da causa da cultura. Creio ser imperdoável, apenas, que o Estado se demita de sua responsabilidade, num território que define o perfil de qualquer nação.

Os formandos da ECA não devem tomar meu raciocínio como desestímulo ao seu ingresso na vida profissional, diversificada nos campos das comunicações e das artes. Bem sei que o combate ao corporativismo, sempre saudável, se confunde para nós com o crescente privilégio de poucos. Os salários baixaram a níveis aviltantes, uma penada de enxugamento deixa sem pão milhares de famílias, os artistas não têm recursos para realizar seus espetáculos, os horizontes parecem fechados para quem se inicia.

Entretanto, os formandos da ECA ainda são os melhor aparelhados para enfrentar a vida prática, nas especialidades que escolheram. Acha-se distante o tempo em que nossa Escola sofria de complexo de inferioridade, em relação aos institutos tradicionais da USP. Superado o período da ditadura, de nefandas conseqüências, a normalidade democrática permitiu que desabrochassem todos os setores. Depressa o ensino rompeu as amarras censórias. A pesquisa passou a abranger os extensos conhecimentos da área. Poucas unidades podem orgulhar-se tanto como a ECA, hoje em dia, da abundância e do merecimento de sua produção.

Apesar das deficiências, creditáveis antes à estrutura universitária que às lacunas de seu ensino particular, nossa Escola, mal atingida a maioridade, nada fica a dever ao conjunto da sexagenária USP. A prova cabal dessa assertiva se encontra na acolhida que em geral se dispensa aos que saíram de seus bancos: nos mais diferentes domínios, sobressai sempre um ex-aluno da ECA.

A esse título, é legítimo esperar que os formandos da atual turma, além de se realizarem profissionalmente, estejam preparados para modificar as premissas sobre as quais repousa, nos últimos tempos, o insatisfatório diálogo entre o Estado e a cultura.

Não questionarei a escolha de meu nome como patrono. Limito-me à satisfação de externar meu sincero e profundo agradecimento.

(Em alguma data, no século passado)

31. Sobre a Crítica

Antes de tratar da crítica, parece-me necessário discorrer sobre a função do próprio teatro. Para ficarmos só no exemplo do palco ocidental, simplifiquemos que a tragédia grega do século v a.C. se propunha examinar em profundidade, para o público ateniense e de outros locais, o destino do homem, em face da divindade e de seus problemas com o próximo. E a comédia, nas suas realizações mais ambiciosas, privilegiando o riso, não fugia ao papel de questionar a sociedade.

Ao invés do alcance do livro, para um único leitor de cada vez, o teatro pretende atingir a coletividade. Por isso há os atores, que transmitem a palavra do dramaturgo. E para que essa transmissão seja mais eficaz, surgem as figuras do encenador, do cenógrafo e do figurinista, entre outras.

O texto teatral pode assumir múltiplas funções, isoladas ou conjuntas. Por exemplo: o conhecimento relacionado à dramatização de um fato histórico, a consciência dos problemas reais, a análise do indivíduo, o esclarecimento de uma situação psicológica, da luta do cotidiano ou de classes, os conflitos de toda ordem, as necessidades objetivas da vida, a abertura para o entendimento do mundo, o aprofundamento da natureza humana, como em Shakespeare e tantos outros, enfim tudo o que interessa a um indivíduo.

Para esse indivíduo, cumprem-se numerosas funções: o usufruto de todas essas possibilidades, o prazer de assistir à encarnação de personagens em atores, e não na simples narrativa romanesca, o gosto ficcional de fugir do prosaísmo diário, a sensação de testemunhar um diálogo inteligente, o sonho do mergulho na fantasia, o desejo de penetrar no passado, a pura satisfação estética de presenciar uma trama bem urdida, num belo estilo literário, o deleite de ver um bom desempenho e uma montagem apurada, a necessidade de uma diversão, um relaxamento das agruras do trabalho, o preenchimento agradável do tempo, o exercício da sociabilidade, os comentários posteriores com acompanhantes, tudo enfim que a realização estética propicia.

A primeira função da crítica é detectar a proposta do espetáculo, esclarecendo-a, se preciso, pelo veículo da comunicação – jornal, revista, rádio, tevê. Em seguida, cabe-lhe julgar a qualidade da oferta e de sua transmissão ao público. É importante ajuizar o equilíbrio do conjunto, algumas vezes prejudicado pelo mau desempenho de um intérprete ou pela inadequação do cenário, das vestimentas ou da luz. Enfim, o crítico precisa estar atento a todos os pormenores da encenação, salientando suas possíveis sutilezas.

Assegurado o conhecimento do crítico, a meu ver a exigência óbvia que se faz dele é que saiba escrever, sendo claro e objetivo, e ao mesmo tempo julgue com absoluta honestidade, sem preconceito de qualquer gênero. Espera-se que a crítica não denuncie amizade ou inimizade por qualquer participante do espetáculo. Conheci um crítico, no Rio, que se abstinha de manter contato com a classe teatral, para evitar uma possível influência.

Nunca me preocupei com essa questão, porque em geral a gente se liga às pessoas com as quais tem afinidade, o que não impede de condenar-lhes um mau trabalho, com a maior franqueza. Uma ou outra vez um amigo podia até reclamar de um juízo, ou simplesmente aceitá-lo, sabendo que ele nascia de absoluta boa fé.

Essas são, por assim dizer, as exigências básicas para ser crítico. Mas saber escrever e ser honesto não são suficientes. Um crítico não tem autoridade se não conhece a contento a história geral do teatro e em particular do brasileiro. É recomendável ler toda a dramaturgia grega e romana, a medieval, a renascentista, até chegar à moderna. Hoje há histórias do teatro em várias línguas, mostrando os valores essenciais característicos de uma época. E há estudos qualificados a respeito de todos os elementos da arte cênica: além do texto, a encenação, o desempenho, a cenografia, a indumentária, a luminação etc.

Se se monta o texto de um autor, é importante conhecer-lhe toda a obra, para situá-la no conjunto e eventualmente cotejá-la com a produção de seus contemporâneos e predecessores. Os demais elementos do espetáculo devem observar a mesma estética do texto, a não ser que seja possível e desejável promover sua atualização, no caso dos clássicos. O crítico não pode ignorar nenhuma proposta estética.

Por enquanto, estou raciocinando em termos de uma idealidade. Cabe ao crítico, também, informar-se sobre as circunstâncias de uma produção. Ora não há dinheiro suficiente para todas as exigências da montagem. Ora o palco não é adequado para o gênero do texto. Ora não se conseguiu reunir o melhor elenco para cada papel. Ora se está a ver o surgimento de iniciantes, e não é fácil reconhecer se eles têm possibilidade de evoluir ou se parecem fadados ao malogro. Um comentário não deve ficar alheio a todos esses fatores, competindo-lhe mencioná-los para o leitor.

A crítica, há mais tempo, observava uma hierarquia, que passa do texto à direção, ao desempenho, ao cenário, aos figurinos e às outras especialidades. Hoje em dia, inclusive pelo problema das publicações, é recomendável adotar outro critério: trazer para o primeiro parágrafo aquilo que mais chama a atenção, pela qualidade ou, no caso do mau espetáculo, pelo dado negativo.

Durante décadas, só o teatro ocupava a página de arte dos jornais do Rio e de São Paulo. O advento do cinema encolheu um pouco seu espaço. Depois vieram as notícias e os comentários sobre artes plásticas e televisão. À vista da inevitável disputa, aconselha-se até, diferentemente de fazer um fecho de ouro no artigo, acabar com um parágrafo que eventualmente seja suprimível.

Não creio, entretanto, que a função da crítica se complete em todos esses itens. Como parte da assim chamada classe teatral, o que me parece irrecusável, ela ganha em ser solidária com todas as reivindicações legítimas dessa classe, até mesmo para ter à disposição bons espetáculos. Quando me iniciei na profissão, nos anos de 1950, dominavam os palcos do Rio de Janeiro alguns nomes estelares, como Dulcina, Procópio, Jayme Costa, Henriette Morineau, entre poucos outros. Apesar da existência do Serviço Nacional de Teatro, extinto pelo neoliberalismo, eram poucos os benefícios recebidos do Governo, e sem regras estabelecidas.

Em 1948, o industrial italiano Franco Zampari, apaixonado pela arte, criou em São Paulo o Teatro Brasileiro de Comédia, em que, junto da posterior Companhia Cinematográfica Vera Cruz, despendeu toda a sua fortuna. Estimulados pelo seu exemplo, a atriz Maria Della Costa e o empresário Sandro Polloni ergueram a sua casa de espetáculos, e logo depois a atriz Nydia Licia e o ator Sérgio Cardoso, o Teatro Bela Vista. O Governo do Estado concedia vez por outra um subsídio, que não obedecia a nenhum critério objetivo.

A Associação Paulista de Críticos Teatrais propôs ao então governador Jânio Quadros que formasse uma Comissão Estadual de Teatro. Essa Comissão assumiu a tarefa de administrar a dotação financeira e, dispondo de verbas generosas, chegou a conceder até 60% para o custeio de uma montagem.

Essa Comissão tornou-se, em grande parte, responsável pelo florescimento teatral, por fornecer aos elencos os meios necessários à sua sobrevivência, promovendo inclusive o movimento de interiorização no Estado. Foi essa a fase de grandes e brilhantes realizações do teatro paulista, também liquidada pelo malfadado neoliberalismo, que resolveu entregar a cultura à iniciativa privada.

Num primeiro momento, os críticos tinham o maior número de representantes na Comissão. Depois, os empresários reivindicaram ocupar mais postos e a direção do órgão. Não foi necessário muito tempo para que eles se desentendessem, porque todos se julgavam merecedores de maior verba. Verificou-se a volta dos críticos à direção, como forma de estabelecer um consenso, até que o governo dito liberal decidiu suprimir qualquer tipo de ajuda.

Está patente, com esse exemplo, que a crítica pode desempenhar mais essa função, plenamente meritória. E que o Governo, não prestigiando a cultura, promove apenas o atraso. Todo o mundo sabe que as verbas a ela destinadas, quando existem, correspondem a uma parcela mínima do orçamento. Mas parece que o neoliberalismo, prolongado até os nossos dias, teme os efeitos de um conhecimento mais sólido.

O resultado dessa política nefasta é que não se constroem mais teatros e os poucos existentes estão em geral mal ocupados, pois os artistas maduros se cansaram da profissão. E os novos encontram pouca perspectiva de trabalho.

Houve tempo em que eu criticava a presença de atores na televisão. Eles não dispunham de horas suficientes de ensaios para aprofundar um papel, e com o cansaço prejudicavam também a atuação teatral. Hoje, com a precária situação do palco, dou graças aos céus que eles possam ganhar um bom salário e dispor de uma vida digna.

Evidencia-se que aparento uma postura pessimista, em face do empobrecimento do teatro e, em conseqüência, da crítica teatral. Mas tenho a certeza de que apenas a mobilização dela, aliada a todos os que vivem do palco, poderá reverter a triste realidade.

Afinal, a crítica sempre teve uma função relevante, desde o começo de uma vivência efetiva do teatro entre nós. Cumpre lembrar que Machado de Assis, nosso principal romancista, a exerceu com brilho e eficácia, além de se devotar com menor êxito à dramaturgia. Depois dele, Artur Azevedo, essencialmente dramaturgo, se aplicou também na atividade crítica, e foi o principal lutador pela construção do Teatro Municipal do Rio. Oswald de Andrade, um dos criadores do modernismo brasileiro, desempenhou na juventude o papel de crítico do *Diário Popular*.

De acordo com os princípios revolucionários do modernismo, que procurou liquidar o que julgava má herança do passado, ele publicou, com o título "Renascimento do Teatro", em 1944, no *Correio da Manhã* carioca, um comentário cheio de estímulo, do seguinte teor:

> Quando mais nada se esperava do teatro nacional, estabilizado num atraso teimoso, pelo brilho, capacidade, e demais virtudes de seus dirigentes e profissionais, ei-lo que ressurge numa inesperada forma sob o aspecto de tentativa de um grupo intelectual.

Pelo esforço de um de seus líderes da *troupe* universitária daqui, o Sr. Lourival Gomes Machado, São Paulo irá em breve conhecer esses ótimos Comediantes, saídos da matriz fecunda de Álvaro Moreyra e que, com Santa Rosa e Brutus (Pedreira), acabam de dar aí no Municipal (refere-se ao Municipal do Rio), a prova multiforme de sua mestria. Não assisti *Vestido de Noiva* de Nelson Rodrigues, a revelação da temporada. Mas conheci-o pessoalmente e, quando vejo um modernista preocupado com Shakespeare, sinto nele pelo menos um trabalhador que enxerga o seu caminho.

Oswald vai adiante: "São Paulo espera o *Vestido de Noiva* de Nelson Rodrigues".

A seção "Telefonema", que ele mantinha no *Correio da Manhã* do Rio, demonstra, em 29, de abril de 1948, a mesma expectativa simpática:

> A temporada teatral deste ano prosseguirá aqui (em São Paulo) com um importante acontecimento – a apresentação de Os Comediantes de Santa Rosa. Eles mostrarão o já célebre *Vestido de Noiva* de Nelson Rodrigues. Depois virão Dulcina e Odilon, ora na sua fase séria, oferecendo com grande êxito, ao que dizem, Bernard Shaw e Giraudoux. De repente, revela-se no Brasil uma capacidade de compreensão dos atores, da crítica e do público, que não deixavam suspeitar as pachouchadas que alimentaram durante um século a nossa triste ribalta.

Contradizendo essa abertura de espírito, Oswald procurou destruir qualquer mérito do teatro rodrigueano, em crônica de 23 de janeiro de 1949, qualificando-o de fescenino. Passo a citar o comentário:

> Uma das maiores provas do nosso baixo nível intelectual é a importância que assumiu no teatro destes últimos tempos o Sr. Nelson Rodrigues. Gente de responsabilidade se deixou levar pelo fescenino *Vestido de Noiva* entreaberto com que apresentou as polpudas coxas de sua imoralidade. Nem sabendo que o Sr. Nelson Rodrigues é o folhetinista medíocre que usa o pseudônimo Suzana Flag, a crítica acolheu as orelhas de asno com que saudou sua estrepitosa aparição. Estrepitosa por causa da montagem que lhe deram Os Comediantes e da facilidade de se compreender, através de alguns sustos cênicos, uma simples notícia de jornal que foi seu primeiro enredo. Não serei eu quem vá querer moralizar seja o teatro, seja o Sr. Nelson Rodrigues. Atingi bastante displicência na minha longa carreira ante aberrações de qualquer natureza. Sou apenas inimigo de completa parvoíce literária do autor de *Álbum de Família*. Não há uma frase que se salve em todo o cansativo texto de seus dramalhões. De modo que incomodar gente séria e ocupada para censurar mais uma grosseira patacoada do Sr. Nelson Rodrigues é abracadabrante.

Por esse comentário passional, não é difícil concluir que o ótimo dramaturgo de *O Rei da Vela*, entre outras obras meritórias, de vários gêneros, não tinha vocação para a crítica. Faltava-lhe um equilíbrio mínimo para desempenhá-la. Um espetáculo não pode ficar à mercê do humor do comentarista. Mesmo na crítica mais dura, exige-se respeito, comedimento e objetividade.

Oposto ao temperamento oswaldiano, e portanto com os recursos fundamentais para a tarefa crítica, foi Décio de Almeida Prado, mestre de todos que o secundaram, como comprova sua longa carreira no jornal *O Estado de S. Paulo*, consubstanciada nos livros *Apresentação do Teatro Brasileiro Moderno, Teatro em Progresso* e *Exercício Findo*, relativos respectivamente aos anos de 1947 a 1955, 1955 a 1964 e 1964 a 1968.

No prefácio da última coletânea, Décio expôs o seu ideário estético, assim resumido:

o meu esforço crítico, durante a representação e enquanto escrevia, organizava-se com a *intenção* de entender bem o que os outros falavam, esposando momentaneamente aquele determinado universo de ficção, com as suas leis próprias. Acreditava no destino com os gregos, na Divina Providência com os cristãos, no determinismo com os naturalistas, no materialismo com os naturalistas, no materialismo histórico com os marxistas.

Esse princípio não admitia também nenhum preconceito: "Se a peça se propunha como puro divertimento, julgava-o enquanto tal, acreditando que essa é ou pode ser uma das funções do teatro".

Tamanha abertura contraria o proselitismo abraçado por Emile Zola, advogado da implantação dos postulados naturalistas, ou por Bernard Shaw, que lutou para forçar a aceitação de Ibsen e do teatro de idéias. Ganha a batalha, o crítico escreve no vazio, a menos que descubra nova bandeira para ser alçada.

Embora, nesse campo, todo cuidado seja pouco, o crítico não pode abdicar de suas convicções. Há um natural desenvolvimento do teatro, que ele ganha em acompanhar. Até a década de 1940, reinava no espetáculo o primeiro ator, em geral empresário e chefe da companhia. Os outros figuravam no palco, para dar-lhe a deixa. O centro do proscênio, local privilegiado para a visão do público, era sua propriedade. Mesmo que um coadjuvante, em determinada cena, participasse de um diálogo fundamental, não se alterava a marcação.

O problema foi superado com o advento do encenador, no final do século XIX, nos países mais avançados. Assim como o dramaturgo era o autor do texto, o encenador reivindicava a autoria do espetáculo. Essa atitude importou em grande avanço estético, porque a montagem passou a ter uma unidade, que compreendia tanto o perfeito movimento do elenco em cena, como a adequação obrigatória dos cenários, dos figurinos e da luz.

Por absurdo que pareça, as conseqüências da Segunda Grande Guerra, que se estendeu de 1939 a 1945, foram extremamente benéficas para o teatro brasileiro. Ainda em seu curso, o polonês Ziembinski, fugindo da França ocupada, aportou no Rio de Janeiro em 1941. Findo o conflito, diversos italianos, sem perspectivas em seu país, vieram para o Brasil, a convite do industrial Franco Zampari, empresário do Teatro Brasileiro de Comédia. O primeiro a colaborar conosco foi Adolfo Celi, depois de uma passagem pela Argentina. Para dividir a responsabilidade do trabalho, ele chamou Luciano Salce, seu colega de escola, e depois Flaminio Bollini Cerri. Maria Della Costa e Sandro Polloni, que edificaram a sua casa de espetáculos em 1954, ano do 4º Centenário de São Paulo, trouxeram o cenógrafo Gianni Ratto, titular do Piccolo Teatro de Milão, que desejava a oportunidade de também dirigir. O repertório, pelas características do público, era eclético, oferecendo desde os clássicos até os norte-americanos e os nomes populares do *boulevard*. Não familiarizados com a dramaturgia brasileira, esses encenadores raramente apelavam para ela, com exceção de Gianni Ratto, que de imediato lançou *A Moratória*, de Jorge Andrade, e foi o único italiano a permanecer entre nós.

Impuseram-se os brios nacionais e José Renato, egresso da Escola de Arte Dramática de São Paulo, abriu o Teatro de Arena, o primeiro do gênero na América do Sul. Diz-se que ele era, de início, um TBC pobre, porque o palco circular dispensava os cenários e a arquibancada não ostentava o luxo das poltronas. O Arena passou a ter importância histórica, a partir da estréia de *Eles Não Usam Black-tie*, de Gianfrancesco Guarnieri, brasileiríssimo, embora vindo criança da Itália. Com a valiosa colaboração do carioca Augusto Boal, que havia estudado nos Estados Unidos com o historiador John Gassner, José Renato acolheu no Arena a dramaturgia brasileira, adotada depois em diversos conjuntos, inclusive os do Rio.

Outro elemento, fundamental, junta-se a essa equação. Como levantar uma produção, que requer um mínimo de despesas? O Teatro Brasileiro de Comédia obteve, de início, o apoio de Francisco Matarazzo Sobrinho, o criador das Bienais de Artes Plásticas, e também de vários amigos. Sandro Polloni conseguiu reunir fundos para erguer o Teatro Maria Della Costa, bem como Sérgio Cardoso para a construção do Teatro Bela Vista.

Os governantes que ignoram o papel do teatro talvez nunca souberam que ele foi subsidiado, desde a Grécia do século V a.C. Atenas realizava oficialmente seus festivais e, se faltavam recursos, os cidadãos mais ricos os suplementavam. Daí o exemplo que até hoje serve de espelho para o mundo inteiro.

Na Europa, o teatro sério, a exemplo da Comédie Française e do Piccolo Teatro de Milão, para só mencionar os mais conhecidos no Brasil, recebe verba orçamentária, nos mesmos termos das outras funções públicas. Alega-se que, nos Estados Unidos, a situação é diferente, e seria esse o nosso modelo.

Evoque-se, porém, que ao ocorrer a terrível crise de 1929, o Governo norte-americano interveio prontamente, assegurando a continuidade dos espetáculos. E se ele não precisa agora despender verba própria, esse encargo está nas mãos de grandes fundações, voltadas para o aprimoramento cultural do povo, o que não acontece no Brasil.

A crítica, entre nós, foi pioneira na luta para obter das autoridades o reconhecimento do valor do teatro, dando-lhe um *status* digno. A Comissão Estadual de Teatro de São Paulo, fruto seu, estimulou também a construção de casas de espetáculos, colaborou com verbas para o funcionamento da Escola de Arte Dramática, fundada pelo espírito público de Alfredo Mesquita, que nela consumiu as suas economias, conseguindo depois, com o seu prestígio pessoal, que ela fosse incorporada à Universidade de São Paulo, na Escola de Comunicações e Artes. E, como membros da Comissão, os críticos se empenharam para que fossem disseminados os livros da didática especializada, elevando o nível das montagens e dos espectadores.

Creio não haver dúvida a respeito da importância da crítica, nesses múltiplos setores. Mas o crítico não é autônomo. Ele depende do veículo a que serve. Não me refiro a nenhuma linha editorial, que acompanharia a ideologia de seus superiores hierárquicos. Por certo, não se justifica um crítico fazer proselitismo político, já que são múltiplas e contraditórias as posições do pessoal de teatro.

Não vou esconder que, certa vez, comentei numa revista um espetáculo, fazendo-lhe muitas restrições. Eu desconhecia que o editor era inimigo do dramaturgo e, não satisfeito com os meus adjetivos, agravou-os violentamente. Como não se tratava de matéria assinada, ele julgava ser um direito seu. Argumentei que a classe teatral sabia que o comentário era meu, e eu não poderia assumi-lo naqueles termos. Propus que a revista, no número seguinte, esclarecesse não ser eu o autor, e me recusei a receber o pagamento. Autoritário, o editor não aceitou o meu pleito, e de imediato eu me demiti.

Com meu amigo Décio de Almeida Prado, aconteceu um problema talvez mais grave, que reproduzirei nos mesmos termos que já publiquei:

> O afastamento abrupto de Décio da militância crítica, após 22 anos de colaboração ininterrupta no *Estado*, deveu-se a um episódio lamentável, que deixou feridas nunca cicatrizadas. Membros da classe teatral, desejando vingar-se da sustentação dada pela empresa aos primeiros tempos do golpe militar de 1964, aproveitaram-se do pretexto de um suposto apoio à Censura para devolver o Prêmio Saci concedido aos melhores do palco e do cinema. Embora ressalvado o nome de Décio, ele se sentiu pessoalmente atingido, e deixou a crítica. Ora, o jornal era contra a censura, todos os redatores ligados ao teatro também eram, e atribuo a bravata à imaturidade política de parte do teatro, que preferiu atirar ao lixo um seu aliado.

Lamentei, como certamente a maioria dos leitores, o afastamento de Décio da função crítica. Por outro lado, ele foi benéfico, na medida em que lhe deu o tempo necessário para desenvolver o papel de eminente historiador do teatro brasileiro, com livros sobre João Caetano, Procópio Ferreira, Anchieta e Alencar, e o nosso drama romântico.

Vou levantar, agora, um tema polêmico. Em que medida o crítico pode relacionar-se com o teatro profissional? Quando me iniciei no ofício, mais de um crítico trabalhava também como publicitário de uma companhia. Longe de mim sugerir que houvesse uma forma de suborno para provocar elogios. Até prova em contrário, acredito na honestidade alheia. A questão é de outra ordem. Se o público sabe que ele é funcionário da empresa, desaparece a sua credibilidade. Sua opinião não conta, de forma nenhuma, e não se sustenta a crítica sem respeito ao seu conteúdo.

Caberia ainda examinar a posição da crítica em face do poder público. Isto é, seria legítimo o crítico participar da distribuição de verbas oficiais? Não tenho dúvida em afirmar que sim. O juízo crítico creio ser fundamental para que não se cometam injustiças, privilegiando o mau e valorizando o ruim.

Com esse critério, a crítica Barbara Heliodora dirigia o Serviço Nacional de Teatro, sem que pudesse ser acoimada de parcialidade. Décio de Almeida Prado presidiu mais de uma vez a Comissão Estadual de Teatro de São Paulo, e suas decisões, apoiadas no parecer de seus membros, sempre foram respeitadas.

Não sou vaidoso a ponto de pensar que nunca tenha errado, tanto no serviço público como na crítica. Sei, pelo estudo da História do Teatro, que os críticos muitas vezes se enganaram, e provavelmente me incluo entre eles, embora não recorde nada de que deva arrepender-me. É que julgo o amor pelo teatro e a boa fé as qualidades primeiras da função de crítico.

Impresso em São Paulo,
em julho de 2008, nas oficinas da Gráfica Palas Athena,
para a Editora Perspectiva S.A.